Sabine Teibach

Franz Marc auf der Spur

Künstlerische Impulse für eigenes kreatives Gestalten

ab 3. Klasse

Mit Kopiervorlagen

BRIGG VERLAG

Gedruckt auf umweltbewusst gefertigtem, chlorfrei gebleichtem
und alterungsbeständigem Papier.

3. Auflage 2023

Layout/Satz: PrePress-Salumae.com, Kaisheim
Druck: Rausch Druck GmbH, Aindlinger Str. 14, 86167 Augsburg

ISBN 978-3-95660-**358**-7

www.brigg-verlag.de

Inhalt

Vorwort

In unserer Zeit der hochtechnisierten Freizeitgestaltung gehen Fantasie und Kreativität oft verloren. Dabei ist es nicht schwer, Schülern[1] in jungen Jahren die Möglichkeit zu geben, ihre kreativen Fähigkeiten zu wecken und auszubauen. Gerade die Suche nach einem eigenen Weg verbindet Kinder und Jugendliche mit dem Künstler Franz Marc.

Staunend beobachten Schüler die Entwicklung seines Malstils. Dabei erkennen sie rasch, welche vielfältigen Anregungen und Möglichkeiten sie aus der Suche von Franz Marc schöpfen können.

Zur Strukturierung der vielschichtigen Aspekte des Themas bietet es sich an, die Schüler im Rahmen eines Projektes auf den Weg ihrer eigenen Suche zu führen. Die intensive Arbeit hilft ihnen bei der Entfaltung ihrer eigenen Kreativität und Fantasie, was ihr Selbstwertgefühl steigert. Dies wirkt sich auch positiv auf den Lerneifer in anderen Fächern aus.

Anhand der beigefügten Unterrichtsentwürfe und Kopiervorlagen ist es dem Lehrer möglich, mit geringer Vorbereitung und wenig Arbeitsaufwand seine Schüler zu begeistern, bei ihnen etwas zu bewegen und die Motivation für den gesamten Unterricht sowie für die Schule an sich zu steigern.

1 Um den Lesefluss nicht zu behindern, wird in dem vorliegenden Buch oft die maskuline Form der Personenbezeichnung verwendet. Die feminine Form ist damit selbstverständlich mitgemeint. Das trifft ebenso auf den umgekehrten Fall zu.

1 Theoretische Grundlagen

1.1 Vorüberlegungen

In den Vorbemerkungen des Lehrplans für den Kunstunterricht wird erläutert, dass der Kunstunterricht die Freude des Kindes am eigenen Gestalten fördern soll. Die bildnerischen Fähigkeiten der Schüler sollen vielseitig weiterentwickelt werden. Über das freie Zeichnen und Malen sollen die Kinder zu einem fantasievollen Gestalten hingeführt werden. Die Schüler sollen mit vielfältigen Arbeitstechniken, Werkstoffen und Werkzeugen vertraut gemacht werden, um ihrem gestalterischen Willen auf verschiedene Weisen Ausdruck verleihen zu können. Hierfür ist es notwendig, Technik und Material häufig zu wechseln. Eine wichtige Grundlage stellt dazu die Begegnung mit Bildwerken dar. Die Kunst- und Bildbetrachtung soll im Kunstunterricht einen wesentlichen Platz einnehmen und dabei die Mitteilungs- und Ausdrucksfähigkeit der Schüler schulen.

Besonders konkretisiert wird der Aspekt des fantasievollen Malens mit Farben im Rahmen einfacher Gestaltungsaufgaben, indem vorgeschlagen wird, Farbwirkungen zu untersuchen. Als Themen stehen dem Lehrer beispielsweise warme/kalte Farben, helle/dunkle Farben oder Signalfarben zur Disposition.

1.2 Kunstbetrachtung

1.2.1 Grundlagen

Eine Bildbetrachtung ist grundsätzlich nicht vom Alter abhängig. Vom Alter des Betrachters hängt lediglich ab, wie tief in das Kunstwerk eingestiegen und welche Zugangsmethode gewählt wird. Ein „Angerührt sein“ kann auf jeden Fall ab der 3. Jahrgangsstufe erwartet werden. Dabei müssen jedoch einige Aspekte beachtet und bedacht werden:

- Die Werke sollen für die Kinder erfahrbar sein.
- Es sollen Reproduktionen von ausreichender Qualität zur Verfügung stehen.
- Prinzipiell kann jedes Werk betrachtet werden, wenn es dem Alter der Schüler gemäß aufgearbeitet wird, denn den Kindern verschließt sich kein Stil.
- Wenn möglich sollte eine originale Begegnung stattfinden.

Die Kunstbetrachtung in der Schule darf nicht in einen langweiligen, überfordernden Vortrag ausarten. Der Lehrer darf nicht drängen. Die Schüler müssen viel Zeit zum Hinsehen und zum Fragen bekommen. So werden Kinder für Kunstwerke aufgeschlossen.

Beim weiterführenden Arbeiten mit Kunstwerken kann es zu eigenen oder anlehnenden Gestaltungen kommen. Es ist möglich, Gedächtnisarbeiten anfertigen zu lassen, oder man sammelt und betrachtet ähnliche Werke eines anderen oder des gleichen Künstlers.

Zusammenfassend lässt sich als Ziel für die Kunstbetrachtung festhalten, dass die Schüler vom Betrachten zu einer, sie persönlich ansprechenden Begegnung mit Kunstwerken geführt werden sollen.

1.2.2 Kindgemäße Zugangsformen zu Kunstwerken

Die Begegnung mit Kunstwerken, wie sie im Lehrplan genannt wird, meint nicht nur ein bloßes Ansehen, sondern geht tiefer. Nach dem Sehen schließt sich das intensive Betrachten, das Empfinden eines Kunstwerkes und schließlich zuletzt das Verstehen an. Es ist in der Grundschule nicht immer möglich, bei jedem Kunstwerk bis hin zum Verstehen zu gelangen, aber eine Begegnung mit Kunstwerken, im Sinne einer Kommunikation zwischen ihnen und dem Schüler, muss das Ziel einer jeden Kunstbetrachtung sein.

So lassen sich drei Zielbereiche bei Werkbetrachtungen unterscheiden, die sich im Einzelfall auch überschneiden können:

Sensitiver Zielbereich:

Hierbei handelt es sich um einen emotionalen, erlebnisbezogenen Zugang zum Werk. Vor dem Erkennen steht das Erleben, denn die Analyse kann das Erleben nicht ersetzen.

Voraussetzung hierfür ist eine Atmosphäre des gegenseitigen Vertrauens und der Achtung voreinander. Dazu müssen die Schüler gelernt haben, still zu werden und einen Gegenstand in

Ruhe zu betrachten. Dies ist in einer Zeit, in der Kinder mit optischen und akustischen Reizen überflutet werden, nicht mehr selbstverständlich. So fällt es vielen Kindern schwer, sich auf einen Gegenstand zu konzentrieren und die entstandene Stille zu ertragen. Die Schüler müssen die Fähigkeit besitzen, ihre Empfindungen sprachlich auszudrücken und die Äußerungen der anderen, gerade in der Anfangsphase der Kunstbetrachtung, zu tolerieren.

Der Lehrer sollte sich bei einer Kunstbetrachtung stark zurücknehmen und selbst zur Ruhe kommen. Die Antworten der Schüler bleiben stehen. Nur gelegentlich darf der Lehrer eingreifen und vorsichtige Hinweise oder Denkanstöße geben, die von den Kindern dann frei weiterverfolgt werden können. Dieses Vorgehen ermöglicht den Schülern eigene Entdeckungen. Der Lehrer gibt Hinweise und stellt geschickte Fragen, um die Auseinandersetzung mit dem Kunstwerk in kleinen Denkschritten voranzubringen.

Um eine positive Anfangsatmosphäre zu schaffen, sollte eine geeignete Einstimmung gewählt werden. So kann zum Beispiel Musik, die zur Aussage des Bildes passt, die Schüler zum Bild hinführen. Der Einstieg kann auch durch einen Text oder ein zum Kunstwerk passendes Gedicht ermöglicht werden. Eine weitere Alternative stellt der Einstieg über eine Traumreise dar. Mit geschlossenen Augen können sich die Kinder ganz in das Kunstwerk und seine Situation hineinfühlen.

Das Kunstwerk kann über die Sprache erschlossen werden. Zum Beispiel können Themen besprochen werden, wie „Wenn ich mich in dem Bild aufhalten könnte …“ oder „Wenn ich zu den Personen sprechen könnte …“ Das Umsetzen des Bildes in Musik ermöglicht eine emotionale Auseinandersetzung mit dem Werk. Das Bild kann auch von den Schülern in anderen Farben, z. B. ihren Lieblingsfarben, gestaltet werden. Ebenfalls ist eine pantomimische Nachgestaltung möglich: „Setze dich so hin, wie …“ So können sich die Schüler besser in die Personen des Bildes hineinversetzen. Bei manchen Werken ist es schließlich möglich, den Inhalt des Bildes szenisch darzustellen, um so die Atmosphäre zu erfahren.

Produktiver Zielbereich:

Gerade in den ersten sechs Jahrgangsstufen ist es wichtig, Formen zu finden, die den Kindern eine aktive Auseinandersetzung mit Kunstwerken ermöglichen, ganz im Sinne des ganzheitlichen Lernens. Indem sich die Schüler mit dem Kunstwerk handelnd auseinandersetzen, vollziehen sie partiell den Schaffensprozess des Künstlers nach und können so Schwierigkeiten und Probleme besser verstehen.

Es gibt zwei methodische Möglichkeiten der Verwirklichung:

- Im Anschluss an eine Gestaltungsphase betrachten die Schüler das Werk eines Künstlers.
- Vom Kunstwerk ausgehend gelangen die Kinder zum eigenen Gestalten.

Im Rahmen dieser Möglichkeiten gibt es verschiedene Formen aktiver Arbeit am Bild.

Beim Gestalten, welches dem Betrachten vorangeht, kann beispielsweise zu Beginn der Stunde zunächst ein Thema gestellt werden, das die Kinder mit einem bestimmten Material unter einem besprochenen Schwerpunkt ausführen sollen. Wenn dann im Anschluss das Kunstwerk des Künstlers betrachtet wird, bekommen die Schüler mehr Respekt und Achtung vor dem Werk, da sie sich mit den gleichen Problemen wie der Künstler auseinandersetzen mussten. Es ist jedoch auch möglich, das Kunstwerk an den Anfang der Stunde zu setzen. Die Schüler betrachten es unter bestimmten Gesichtspunkten. Dann schließt sich die Nachgestaltung an. Die Aufgabe kann zum Beispiel lauten: „Male, was dir besonders wichtig war!“ Das Kunstwerk kann auch nach kurzer Betrachtung wieder weggenommen werden. Die Kinder müssen das Werk anschließend aus dem Gedächtnis nachgestalten. Solche Gedächtnisarbeiten erfordern eine einfache, überschaubare Struktur des ausgewählten Werkes.

Eine andere, nur selten angewandte Methode, stellt das Bilddiktat dar. Hierbei beschreibt der Lehrer den Schülern, was auf dem Bild zu sehen ist. Er erklärt die Anordnung der Gegenstände, ihre Farben und Formen. Die Schüler malen nach diesen Anweisungen mit. Am Ende wächst das Interesse, wie wohl das Originalbild aussieht. Dabei stellen die Kinder schnell fest, dass dem Beschreiben eines Kunstwerkes Grenzen gesetzt sind. Es gibt Bestandteile, die nicht mit Worten wiedergegeben werden können.

Weiterhin kann das Kunstwerk auch mit anderen Maltechniken nachgestaltet werden. Dabei muss der Lehrer jedoch darauf achten, dass das Werk nicht zu sehr verfremdet wird.

Schließlich bietet das Kopieren von Details eines Werkes eine gute Möglichkeit, die Leistung des Künstlers nachzuempfinden. Hierfür kann der Lehrer das Bild so weit abdecken, dass nur noch der Ausschnitt von Interesse zu sehen ist. Die Schüler werden dazu mit der Aussage, dass sie durch ein Schlüsselloch schauen dürfen, motiviert.

Analytischer Zielbereich:

Die rationale Begegnung vollzieht sich mit der verstehenden Erschließung von Kunstwerken. Das Kunstwerk wird in einen historischen bzw. gesellschaftlichen Zusammenhang gestellt.

Die Schüler beschreiben das Werk zunächst möglichst exakt. Dazu müssen sie das Kunstwerk genau betrachten und Details in Worte fassen. Die Fachsprache findet hier ihren Platz und darf nicht vernachlässigt werden. Die Kinder verstehen das Werk und seinen Schöpfer, den Künstler, besser, wenn sie die Biografie des Künstlers kennen. Die Kunstwerke erlauben ihnen dann, die Entwicklung des Künstlers nachzuvollziehen. Das Wissen um den stilistischen Zusammenhang fördert das Verständnis eines Werkes ebenso wie die Kenntnis der damaligen Zeitepoche, in der es entstanden ist. Im Bildvergleich können Besonderheiten eines Bildes speziell erfasst und herausgearbeitet oder Gemeinsamkeiten entdeckt werden. Es sollten zwei oder mehr Bilder eines Künstlers oder mehrerer Künstler mit dem gleichen Motiv nebeneinandergestellt werden. Dabei eignen sich insbesondere Reproduktionen, Folien oder Dias, da sie simultan betrachtet werden können.

1.2.3 Umsetzung im Unterricht

Für den Kunstunterricht in der Grundschule ist eine Schulstunde in der Woche vorgesehen. Diese eine Stunde ist meist zu wenig, wenn ein Künstler intensiv behandelt werden soll. Bereits das Vertonen eines Bildes benötigt beispielsweise eine Doppelstunde. Daher sollte hier der Lehrer den pädagogischen Freiraum des Lehrplans nutzen und die Stundenzahl des Kunstunterrichts in der Woche erhöhen. Es ist zum Beispiel auch möglich, alle zwei Wochen eine Doppelstunde Kunstunterricht zu machen. Alternativ kann das Thema konzentriert an mehreren aufeinanderfolgenden Tagen mit jeweils zwei Unterrichtsstunden behandelt werden. Mit einem solchen Unterrichtsblock lässt sich eine hohe Intensität und eine große Begeisterung bei den Schülern erreichen.

Die Fantasie vieler Kinder ist durch fantasieloses Spielzeug unterdrückt und teilweise auch verloren gegangen. Wenn dann im Unterricht Fantasie und Kreativität gefordert sind, haben es diese Kinder schwer. Es kommt oft zu Äußerungen, wie: „Ich kann das nicht!" Deshalb werden die Kinder in diesem Projekt langsam an das eigene, fantasievolle Arbeiten herangeführt.

In der Schule können Störfaktoren die Kreativität hemmen. Ein autoritärer Lehrer, großer Leistungsdruck oder eine triste Umgebung, die zu Blockaden bei den Kindern führt, ist ebenso hinderlich, wie spöttische Bemerkungen von Mitschülern oder die Überbetonung von Lob, Belohnung und Zensuren.

Die Schüler müssen bestimmte Arbeitstechniken bei der Bildbetrachtung beherrschen und die benötigten Materialien richtig handhaben können. Wenn die Kinder nicht mit dem Pinsel umgehen können und nicht wissen, dass man zum Aufnehmen von Farbe mit wenig Wasser so lange im Farbtopf rührt, bis Bläschen entstehen, ist zum Beispiel das Nachgestalten eines Bildes mit Wasserfarben von vornherein zum Scheitern verurteilt.

1.3 Fantasie und Kreativität

In früheren Jahrhunderten war die Entfaltung von Fantasie und Kreativität in der Schule keineswegs erwünscht. Auch heute muss dem allgemeinen Fantasiebegriff mit Skepsis begegnet werden, denn hinter den, die Kinder süchtig machenden „Fantasyspielen" und furchterregenden Spielfiguren verbergen sich oft nicht nur geschäftstüchtige Menschen, sondern auch fragwürdige Ideologien, die mit den Zielen einer humanen und toleranten Schule nicht vereinbar sind. Dies wirft die Frage auf, ob die derzeit propagierte Entfaltung von Fantasie und Kreativität bei Kindern sinnvoll und möglich ist. Eine Antwort kann erst formuliert werden, wenn beide Begriffe aufgrund ihrer geschichtlichen Entwicklung inhaltlich erschlossen und eingegrenzt sind.

Das Wort Fantasie findet seinen Ursprung im griechischen *phantasia*. Platon sah die Fantasie als etwas Negatives. Die Fantasie war für ihn nichts anderes als die selbst produzierte Vorstellung einer trügerischen und unwirklichen Welt. Für Aristoteles hingegen boten Sinnlichkeit und Erfahrung den Zugang zur Erkenntnis. Die Fantasie wurde für ihn bestimmt durch Freiheit und Spiel zwischen Verstand und Sinnen. Aus diesem freien, erfinderischen Spiel entstehen Handwerk, Künste und Wissenschaft. Die Pädagogik des Mittelalters zog Platons Einstellung vor. Die Menschen mussten lernen, die Fantasie mithilfe des Verstandes zu zügeln. Die Synthese der platonischen und der aristotelischen Philosophie prägte im weiteren Verlauf die Pädagogik. Abwechselnd lag dabei der Schwerpunkt entweder beim Verstand oder bei den Sinnen und der Fantasie. Unabhängig von der Einschätzung des Fantasiebegriffs war er stets eng mit der sinnlichen Wahrnehmung verbunden. Dabei hat sich der visuelle Bereich durchgesetzt, sodass Fantasie sehr eng mit der seit Pestalozzi unverzichtbaren Anschauung verbunden wurde.

Nach der kognitiven Einengung des Fantasiebegriffs durch den Herbartianismus erlangte er in der Reformpädagogik im Hinblick auf die schöpferischen Kräfte des Kindes erneut an Bedeutung.

Seit dieser Zeit kennt die erziehungs- und bildungsphilosophische Definition des Fantasiebegriffs drei Bereiche der Fantasie:

- Den **sensorischen** (Sinne, Sinnlichkeit),
- den **motorischen** (Bewegung, Leiblichkeit) und
- den **schöpferischen Bereich**.

„Die sensorische Fantasie ist verbunden mit der Anschaulichkeit, der Innerlichkeit und der Teilnahme der Erinnerungen; die motorische Fantasie mit der Spontaneität und dem Spiel. Die schöpferische Fantasie des Handwerkers, Künstlers und Wissenschaftlers schließlich entsteht aus dem Übergang der sensorischen zur motorischen Fantasie." (Moerke: Phantasie, Kreativität, Spiel). Der Fantasiebegriff ist seit den 60er-Jahren aus der Diskussion beinahe verschwunden. Er machte dem Begriff der Kreativität Platz. Der Begriff der Kreativität wurde dadurch einseitig auf den kognitiven Bereich reduziert. Heute verbindet man gern diese Begriffe äußerlich zur kreativen Fantasie oder zur fantasiegetragenen Kreativität und möchte damit auch inhaltlich beide Begriffe vereinen. Diesen Ansatz greift die musisch-ästhetische Erziehung auf. Im Verlauf eines ganzheitlichen Lernprozesses entfalten Schüler ihre Persönlichkeit unter anderem dadurch, dass sie Neues entwickeln und selbst schöpferisch tätig werden. Fantasie und Kreativität bilden somit eine wesentliche Grundlage für diese Entwicklung.

Im Kunstunterricht der heutigen Schule kann dieser Ansatz verwirklicht werden. Dort besteht der Freiraum, mit Ideen und Materialien spielen zu dürfen. Die Schüler können ermutigt werden, sich mit anscheinend Belanglosem abzugeben und mit von der Wirklichkeit entfernten Darstellungen zu experimentieren. So wird Kreativität als ein tiefgründiges Vergnügen ermöglicht.

2 Leben und Werk von Franz Marc

2.1 Biografie

Franz Moritz Wilhelm Marc wird am 8. Februar 1880 in München geboren. Sein Vater ist nach einem Jurastudium Maler geworden und brachte es bis zum Professor an der Kunstakademie in München. Zu seiner Mutter hat Marc ein sehr enges Verhältnis. Nach dem Abitur leistet er seine einjährige Militärzeit ab und schreibt sich 1899 an der Universität ein, um Theologie und Philologie zu studieren. Nach schweren inneren Kämpfen entscheidet sich Marc 1900 für die Malerei und immatrikuliert sich an der Münchner Akademie. Bei Gabriel Hackl lernt er das Rüstzeug der Anatomie, welches für seine weitere Entwicklung unentbehrlich ist. Die Tierstudien von Wilhelm von Diez machen auf Marc einen großen Eindruck. Ein Studienfreund lädt Marc 1903 zu einer Reise nach Frankreich ein. Dort studiert und kopiert er einige Impressionisten und Spätimpressionisten, wie Monet, Renoir und Bonnard. Nach seiner Rückkehr beschließt er, nicht mehr an die Akademie zurückzukehren, da er glaubt, dort nicht seinen eigenen Malstil finden zu können.

1904 verfällt Marc in eine Periode der Melancholie, welche sowohl durch seine intensive Suche nach seiner eigenen künstlerischen Verwirklichung, als auch durch seinen gelähmten, dahinsiechenden Vater ausgelöst wird. 1905 beendet er sein, seit einem Jahr andauerndes Verhältnis mit Annette von Eckhardt, kommt darüber aber nur schwer hinweg. Es entsteht das Bild „Der tote Spatz“ (Bild 5). Beeinflusst von dem Tiermaler Niestle ist dies der Ausdruck seiner verstärkten Hinwendung zu Tiermotiven. In diesem Jahr lernt Marc auch Marie Schnür und Maria Franck kennen. 1907 heiratet der Maler Maria Schnür, lässt sich jedoch ein Jahr später schon wieder scheiden. Um seiner finanziellen Bedrängnis zu entgehen, gibt Marc Unterricht in Anatomie. Ab 1908 entstehen immer mehr Tierbilder, wobei Marc das Wesentliche der Tierformen erfassen will. Er sucht den Weg vom äußeren Erscheinungsbild zum inneren, „erfüllten“ Wesen der Tiere. 1910 findet die erste Ausstellung von Franz Marc in Brakls Kunsthandlung statt. Durch diese Ausstellung lernt er den Kunstsammler Bernd Koehler kennen, der ihm umgerechnet 100 Euro im Monat Unterhalt zahlt und dafür Bilder von Marc bekommt. Auch August und Helmuth Macke lernt er kennen; damit beginnt eine lange und fruchtbare Freundschaft. Die Begegnung mit den gleichgesinnten Künstlern der „Neuen Künstlervereinigung München“ 1911 fördert Marcs künstlerische Entwicklung. Er vertieft sich immer mehr in die Symbolkraft von Farben. Nach einem Streit mit der „Neuen Künstlervereinigung München“, bei dem es um die Auswahl von Bildern für eine Ausstellung ging, treten Kandinsky und Marc aus und gründen die Redaktion „Blauer Reiter“. Am 18.12.1911 eröffnet die erste Ausstellung des „Blauen Reiters“ in München. In der zweiten Ausstellung 1912 kommen auch Werke von expressionistischen Künstlern, wie Paul Klee, hinzu. Im Mai erscheint der Almanach „Der Blaue Reiter“. Am 3. Juni 1913 wird die standesamtliche Trauung von Marc und Maria Franck vollzogen. Es beginnt eine Zeit großer, schöpferischer Aktivität. 1914 erhält er neue, künstlerische Impulse durch andere Maler. Diese führen Marc zu immer abstrakteren Gemälden, in denen die Tiermotive zugunsten einer kristallinen Bildsprache zurückgedrängt werden.

Als im August der Erste Weltkrieg ausbricht, meldet sich Marc als Kriegsfreiwilliger. Am 4. März 1916 stirbt er an der Front.

2.2 Auf der Suche

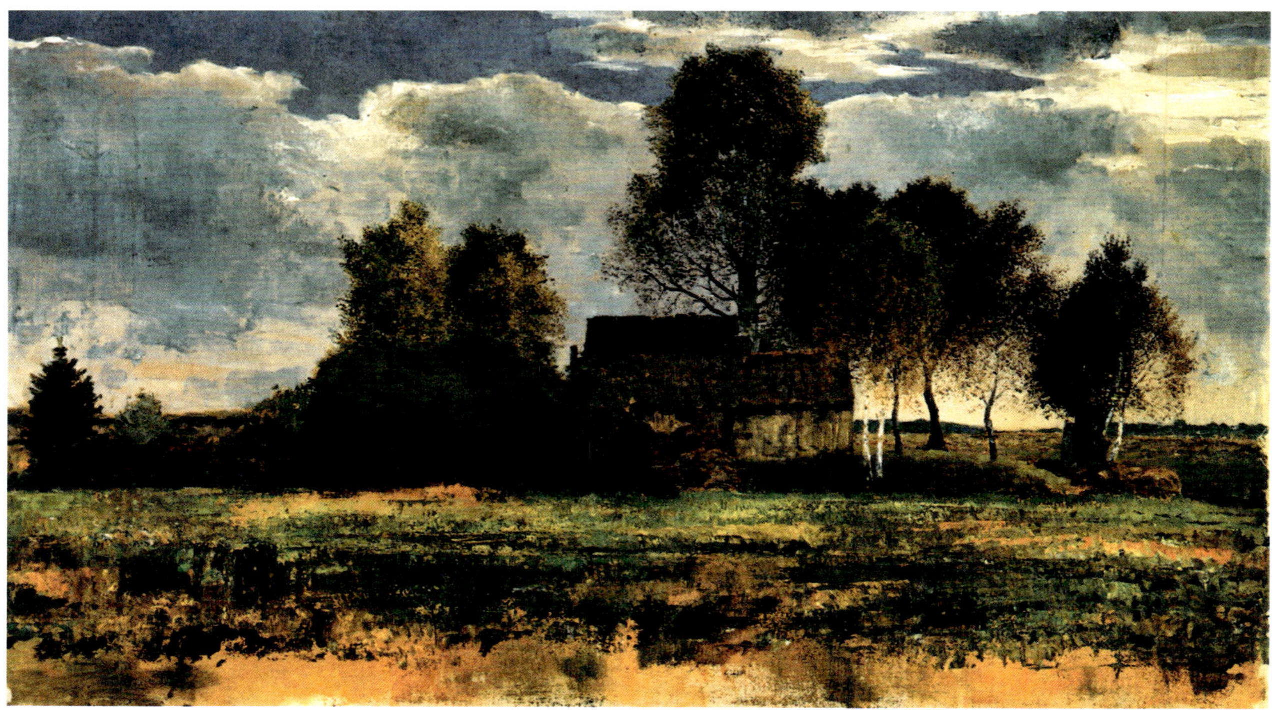

Bild 1: Moorhütte im Dachauer Moos, 1902

Nach seiner Akademiezeit sucht Marc nach seinem eigenen Weg in der Kunst. Doch er ist mit seinen Arbeiten unzufrieden. Die Begegnung mit dem Tiermaler Jean Bloe Niestle hat weitreichende Folgen für Marcs spätere Werke. Marc versucht von nun an, sein gutes Verhältnis zu Tieren künstlerisch umzusetzen.

Als Marc sich der „neuen Kunst“ widmet, vollzieht sich eine neue Wende in seinem Leben. Der Eindruck von van Goghs Bildern saß tief. So entsteht das Bild „Katzen auf rotem Tuch“ (Bild 2). Hier erinnern die intensiven Farben und die breiten, kräftigen und bewegten Pinselstriche unwillkürlich an van Gogh. Marc arbeitet immer stärker darauf hin, sich in seinen Bildern auf das Wesentliche zu beschränken. Anfangs verwendet Marc naturnahe Farben, wie beispielsweise bei seinem Werk „Moorhütte im Dachauer Moos“ (Bild 1).

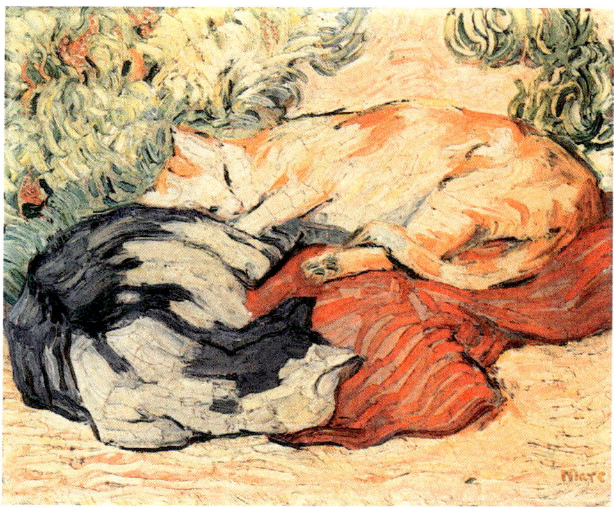

Bild 2: Katzen auf rotem Tuch, 1909/1910

Erstaunlich ist dann sein Werk „Pferd in Landschaft“ (Bild 7), auf dem große, bunte, der Natur nicht mehr entsprechende Farbflächen dominieren. Endlich, nach fünf Jahren des Suchens und der Auseinandersetzung mit den Impressionisten und den Vätern des Expressionismus, kommt es in Marcs Leben zu der Ausprägung seines eigenen, eigentümlichen Stils. Hat er früher vor allem Tiere und Hintergründe mit kleinen und kurzen Pinselstrichen dargestellt (z. B. „Kleines Lärchenbäumchen“, Bild 6), so sind in seinen späteren Gemälden die Pinselstriche regelmäßig geschichtet und zu glatten Flächen vertrieben. Die Vereinfachung und die Beschränkung der Formen auf das Wesentliche führten zu großen, reinen Farbflächen. Die Bilder erscheinen dadurch ruhiger und harmonischer. Der Körperbau von Tieren wird nur noch angedeutet. Marc hat jetzt seinen Weg gefunden, die innere, geistige Seite der Natur zu malen.

Marc beschäftigt sich auch mit der Farbtheorie. Den Farbkreis lehnt er jedoch ab, da sich die Komplementärfarben immer nur in der Mitte treffen und nie zusammen gesehen werden können. Marc bezeichnet Blau, Gelb und Rot als Primärfarben. Da an den Schulen in jener Zeit gelehrt wird, mit gedeckten Farben umzugehen, bedeutet die Verwendung von reinen, klaren Farben für Marc ein Umlernen und damit eine Zeit langwieriger Experimente.

Die Flucht aus der Wirklichkeit spielt gerade in Marcs Tierbildern eine große Rolle. Er hat immer den Anspruch, das Tier nicht aus dem Blickwinkel des Menschen, sondern aus dem des Tieres zu malen. Marc will sich in die Seele des Tieres versetzen. „Ich suche mich pantheistisch einzufühlen in das Zittern und Rinnen des Blutes in der Natur, in den Bäumen, in den Tieren, in der Luft ... Wie sieht ein Pferd die Welt oder ein Adler, ein Reh oder ein Hund? Wie armselig, seelenlos ist unsere Konvention, Tiere in eine Landschaft zu setzen, die unseren Augen zugehört statt uns in die Seele des Tieres zu versenken, um dessen Bildkreis zu erraten." (Partsch, S.: Franz Marc, S. 38). Marc erhebt den Anspruch Tiere nicht so zu malen, wie sie uns gefallen oder erscheinen, sondern wie sie wirklich sind. Den Menschen empfindet er als hässlich, das Tier jedoch als schön und rein. Das Pferd findet sich häufig in Marcs Bildern und wird meist mit dem männlichen Prinzip verbunden. 1914 verlieren die Tiere für ihn an Bedeutung, denn auch am Tier entdeckt Marc etwas Gefühlswidriges und Hässliches. Seine Darstellung wird instinktiv immer schematischer und abstrakter. Es entstehen noch einige abstrakte Werke, bevor Marcs künstlerische Entwicklung durch seinen Tod abgebrochen wird.

2.3 Die Farbe im Werk von Franz Marc

2.3.1 Die Bedeutung der Farben für Franz Marc

Die Farbe bildet in Marcs Leben und Werk einen Kernpunkt. Besonders die Primärfarben Blau, Gelb, Rot und die Sekundärfarbe Grün spielen für ihn eine wesentliche Rolle:

- **Blau** ist „das männliche Prinzip, herb und geistig". (F. Marc, aus einem Brief an A. Macke, 12.12.1910, Briefwechsel, S. 28)
- **Gelb** ist „das weibliche Prinzip, sanft, heiter und sinnlich". (F. Marc, Briefauszug, s.o.)
- **Rot** ist „die Materie, brutal und schwer und stets die Farbe, die von den anderen beiden bekämpft und überwunden werden muss"! (F. Marc, Briefauszug, s. o.)
- „Mischst du nun aber Blau und Gelb zu **Grün**, so weckst du Rot, die Materie, die ‚Erde', zum Leben ... Mit Grün bringst du das materielle, brutale Rot nie ganz zur Ruhe ... Dem Grün müssen stets noch einmal Blau (der Himmel) und Gelb (die Sonne) zur Hilfe kommen, um die Materie zum Schweigen zu bringen." (F. Marc, Briefauszug, s. o.)

„Ungeachtet der, durch physikalische Methoden aufgezeigten Beziehungen der Farben zueinander, sagt Marc: ‚Ich werde trotz aller Spektralanalysen den Malerglaube nicht los, dass Gelb (das Weib!) der Erde Rot näher steht, als Blau, das männliche Prinzip.'" (Partsch, S.: Franz Marc, S. 26).

2.3.2 Farbkontraste

Man spricht von einem Kontrast, wenn zwischen zwei Farbwirkungen deutliche Unterschiede festzustellen sind. Steigert sich der Unterschied ins Maximale, so liegen entgegengesetzt gleiche oder polare Kontraste vor. Groß-Klein oder Schwarz-Weiß sind Beispiele für die höchsten Steigerungen und damit polare Kontraste. Die von Johannes Itten bereitgestellte Lehre der Farbkontraste bietet eine gute Grundlage, um die Werke von Marc im Hinblick auf ihre Farbwirkung zu analysieren.

Itten unterscheidet sieben Farbkontraste; es werden allerdings nur die ersten drei innerhalb des Franz Marc-Projekts behandelt.

1. Der Farbe-an-sich-Kontrast:

Zur Darstellung des Farbe-an-sich-Kontrastes können alle Farben in ihrer stärksten Leuchtkraft ausgewählt werden. Es müssen jedoch mindestens drei klar voneinander zu trennende Farben verwendet werden. Die Farben Gelb, Rot und Blau bilden den polaren Farbe-an-sich-Kontrast. Er wirkt bunt, laut, kraftvoll und entschieden.

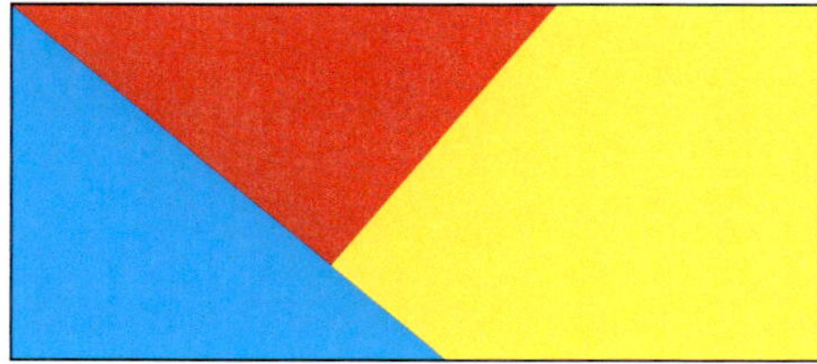

2. Der Hell-Dunkel-Kontrast:

Der Hell-Dunkel-Kontrast entsteht durch Verwendung von hellen Farben (z. B. Weiß) und dunklen Farben (z. B. Schwarz). Die stärksten Ausdrucksmittel für Hell und Dunkel sind die Farben Weiß und Schwarz. Zwischen ihnen liegt die ganze Palette der Grautöne.

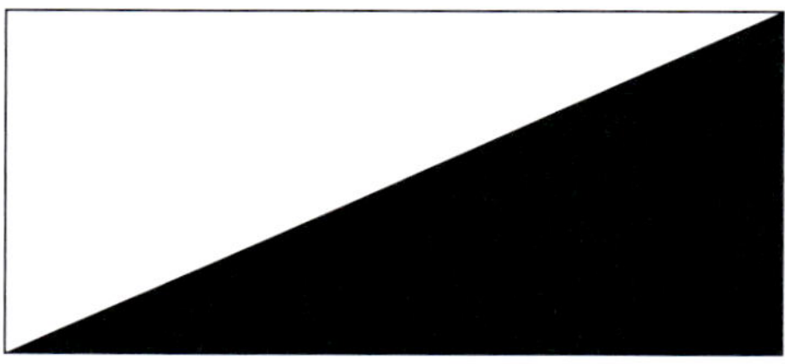

3. Der Kalt-Warm-Kontrast:

Man kann Farben ein subjektives Temperaturempfinden zuordnen. Der Kalt-Warm-Kontrast entsteht durch die Anordnung von warmen Farben (z. B. Gelb, Orange, Rot) und kalten Farben (z. B. Blau, Grün) nebeneinander. Untersuchungen haben ergeben, dass Blau von den meisten Menschen wesentlich kälter empfunden wird als z. B. Rot.

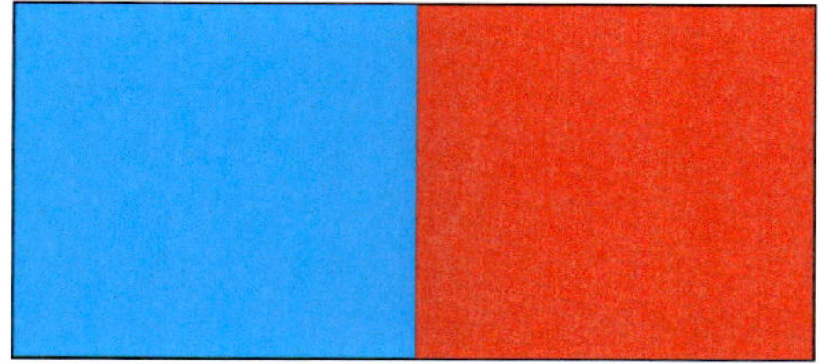

4. Der Komplementär-Kontrast:

Zwei Farben werden als komplementär bezeichnet, wenn sie in ihrer additiven Mischung weiß bzw. in ihrer subtraktiven Mischung ein neutrales Grauschwarz ergeben. Die Komplementärfarbe zu einer vorgegebenen Farbe liegt im Farbkreis genau diametral gegenüber und ist damit eindeutig bestimmt. Rot ist zum Beispiel komplementär zu Grün.

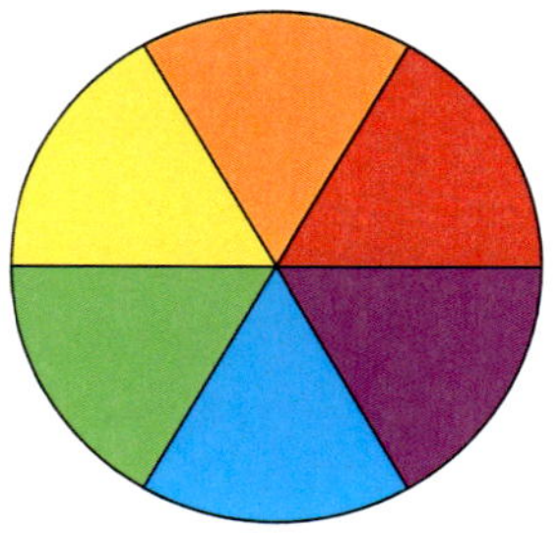

5. Der Simultan-Kontrast:

Untersuchungen haben ergeben, dass das menschliche Auge zu einer gegebenen Farbe immer auch gleichzeitig die Komplementärfarbe verlangt. Ist sie nicht vorhanden, wird sie als Farbempfindung im Auge des Beobachters erzeugt. Der Simultankontrast beruht auf der Entstehung dieser, nicht real vorhandenen Komplementärfarbe.

6. Der Qualitäts-Kontrast:

Die Qualität einer Farbe wird durch ihre Reinheit und Sättigung determiniert. Der Gegensatz zwischen gesättigten, leuchtenden Farben und stumpfen, getrübten Farben führt zum Qualitätskontrast.

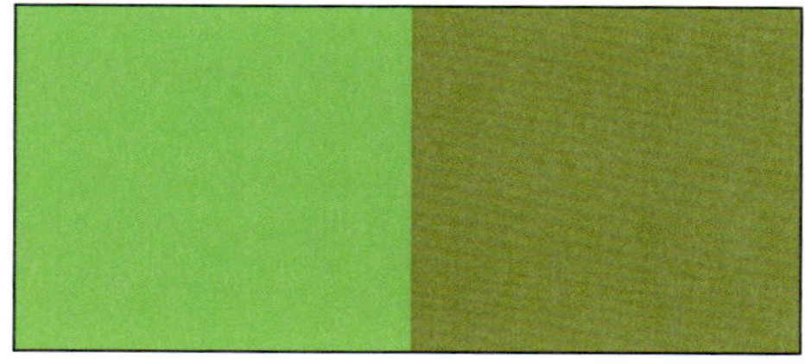

7. Der Quantitäts-Kontrast:

Der Quantitätskontrast resultiert aus den Größenverhältnissen von zwei oder mehreren Farbflecken. Der polare Kontrast entsteht durch Komposition eines sehr großen Farbflecks mit einem sehr kleinen Farbfleck.

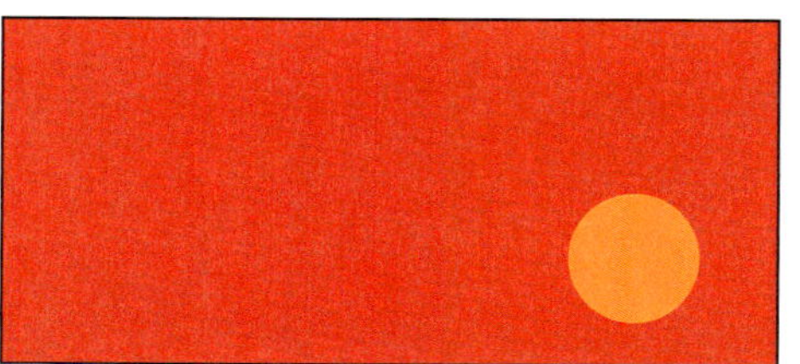

3 Das Franz Marc-Projekt

In den folgenden Kapiteln werden die einzelnen Unterrichtseinheiten des Projektes vorgestellt. In den ersten beiden Unterrichtseinheiten geht es um das Leben von Franz Marc und seinen Umgang mit Farbe. Anschließend werden in Unterrichtseinheit drei bis fünf verschiedene Maltechniken eingeführt. In der sechsten und siebten Unterrichtseinheit wird auf Farbwirkungen und Farbkontraste vertieft eingegangen. In den letzten Unterrichtseinheiten werden dann die Schüler durch verschiedene Zugänge auf einen eigenen Weg des Gestaltens geführt.

Wer das Franz Marc-Projekt vollständig durchführen möchte, benötigt ca. 13 Doppelstunden, wobei einige Unterrichtseinheiten auch dem Fach Deutsch oder Musik zugeordnet werden können. Es ist jedoch auch möglich, sich einzelne Unterrichtseinheiten herauszusuchen und diese unabhängig vom Projekt durchzuführen. Dabei muss dann allerdings bei einigen Unterrichtseinheiten der beschriebene Einstieg verändert werden.

Die Ergebnisse der Gestaltungsversuche der Schüler können am Ende zu einer Kunstmappe zusammengefasst werden, um die Suche Marcs und die Suche der Kinder nach einer eigenen Malweise zu dokumentieren.

Die Bilder sollten bevorzugt als große Kunstdrucke oder als Farbkopie, Dia oder Farbfolie vorliegen. Beim Neckar-Verlag (*www.neckar-verlag.de*) können sehr günstig, qualitativ gute und große Kunstdrucke erworben werden.

3.1 Franz Marc

Thema:	Das Leben von Franz Marc
Technik:	–
Zielsetzung:	Die Biografie von Franz Marc kennenlernen
Zeitaufwand:	Eine Unterrichtsstunde
Material:	AB 1 als Klassensatz kopiert, Bild 3, Schild 1 evtl. laminiert

Unterrichtsverlauf:
Nach einer Traumreise in die Zeit um 1900 wird zunächst das Bild von Franz Marc gezeigt. Die Schüler äußern sich dazu frei. Dann teilt der Lehrer den Lesetext über Franz Marc aus und die Schüler lesen still. Anschließend wird er noch einmal laut gelesen und schwierige Wörter werden geklärt. Abschließend wird der Text anhand von Fragen zusammengefasst und wichtige Daten werden aus der Biografie herausgeschrieben. Die Leitfragen können auch mithilfe von Internetrecherchen beantwortet werden. Dann wird der Lesetext (AB 1) nicht benötigt.

Ergänzende Anmerkung:
Hier wird fächerübergreifend unterrichtet. Kunstunterricht wird mit den Deutschbereichen Lesen und Schreiben verbunden.

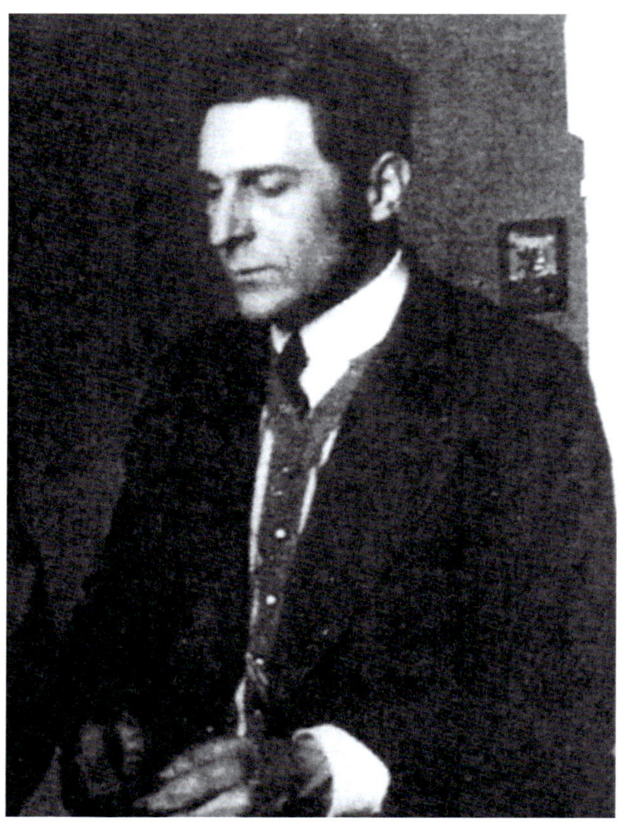

Bild 3: Franz Marc, ca. 1912

Traumreise: *(Die Kinder legen den Kopf auf die Arme und schließen die Augen.)*

Wir gehen aus dem Klassenzimmer gemeinsam auf den Schulhof. Dort steht ein großer Kasten mit vielen Lampen daran. Über einer Tür steht „Zeitmaschine". Du gehst hinein. Es wackelt und blinkt. Und plötzlich ist es wieder ganz still. Auf einem blinkendem Schild kannst du lesen „1900". Die Tür öffnet sich und du gehst hinaus. Neugierig siehst du dich um. Doch was ist das? Du siehst keine Autos! Nur Pferde und Kutschen. Dort! Ein uraltes Auto, wie du es vom Museum kennst. Du schaust in ein Fenster. Wo ist der Fernseher? Es gibt keinen! Kein Computer, kein Handy. Und wie die Menschen aussehen. Merkwürdige Kleidung. Alle Frauen haben Kleider an. Die Mädchen haben lange Haare und Zöpfe. Die Männer laufen in Anzügen herum. Auch die Jungen. Durch das Fenster der Schule siehst du einen Lehrer, der mit einem Stock einem Jungen auf die Finger haut und ruft: „Du darfst in der Schule nicht lachen!" Jetzt reicht es! Nichts wie weg! Du rennst zur Zeitmaschine! Als alle da sind machst du die Tür zu! Es wackelt und blinkt! Auf dem Schild, das nun aufleuchtet steht: „Gegenwart". Eilig gehst du mit den anderen Kindern ins Klassenzimmer zurück und bist froh, dass du heute lebst. Dann machst du deine Augen wieder auf.

Schild 1:

Franz Marc

8. Februar 1880 –
4. März 1916

AB 1: Lebenslauf

Franz Marc

Franz Marc wird am 8. Februar 1880 in München geboren. Sein Vater brachte es bis zum Professor an der Kunstakademie in München. Zu seiner Mutter hat Marc ein sehr enges Verhältnis. Nach dem Abitur leistet er seine einjährige Militärzeit ab und studiert anschließend an der Universität. Doch Marc möchte Maler werden! Er bricht das Studium ab und geht nach München, um Maler zu werden. 1903 macht er zusammen mit einem guten Freund eine Reise nach Frankreich. Danach geht er nicht mehr an die Schule für Malerei in München zurück.

Marc sucht seinen eigenen Malstil und wendet sich der Tiermalerei zu. 1907 heiratet der Maler Maria Schnür, lässt sich jedoch ein Jahr später schon wieder scheiden. Um Geld zu verdienen gibt Marc Unterricht. Es entstehen immer mehr Tierbilder. 1910 findet die erste Ausstellung von Franz Marc statt. Durch diese Ausstellung lernt er den Kunstsammler Bernd Koehler kennen, der ihm umgerechnet 100 € im Monat Unterhalt zahlt und dafür Bilder von Marc bekommt. Er freundet sich mit August und Helmuth Macke, zwei großen Malern dieser Zeit, an. Marc findet immer mehr zu seinem eigenen Malstil. Er gründet mit seinen Freunden und Kandinsky, einem weiteren Maler, die Gruppe „Blauer Reiter“. 1913 heiratet er Maria Franck. Es beginnt eine Zeit großer, schöpferischer Aktivität. Marc entwickelt seinen Malstil weiter. Dies führt Marc zu immer abstrakteren Gemälden, in denen die Tiermotive immer mehr in den Hintergrund treten.

Als der erste Weltkrieg ausbricht, meldet sich Marc als Kriegsfreiwilliger. Am 4. März 1916 stirbt Marc an der Front.

Franz Marc

(Beantworte die Fragen auf deinem Block!)

Wann wurde Franz Marc geboren?
Welchen Beruf wollte er erlernen?
Wo lernte er?
Welche Motive malte er am liebsten?
Wie verdiente Marc Geld zum Leben?
Wann war seine erste Ausstellung?
Was machte Bernd Koehler für Marc?
Welche drei großen Maler seiner Zeit waren seine Freunde?
Die Maler gründeten zusammen eine Gruppe. Wie nannten sie sich?
Marc heiratet zweimal. Wie hießen seine Frauen?
Wo starb Franz Marc?
Wann starb Franz Marc?

3.2 Eine kleine Pferdestudie II

Thema:	Farben drücken Gefühle aus
Technik:	Bildbetrachtung und Nachgestaltung
Zielsetzung:	Erkennen, dass unterschiedliche Farben verschiedene Gefühle auslösen
Zeitaufwand:	Eine Unterrichtsstunde
Material:	Bild 4, AB 3, Schild 2 evtl. laminiert, AB 2 als Klassensatz kopiert

Unterrichtsverlauf:
Die Schüler kennen Franz Marc bis jetzt nur von seinem Lebenslauf. Deshalb sollen sie durch das erste Bild mit in sein Denken und Fühlen hineingenommen werden. So schließen die Schüler zu Beginn die Augen und der Lehrer erzählt als Anknüpfung zur letzten Unterrichtseinheit über das Leben von Pferden um 1900. Die Schüler sollen sich das Pferd als Arbeitstier vor ihrem inneren Auge vorstellen. Um diese Vorstellung noch zu vertiefen, liest der Lehrer „Das Gebet eines Pferdes“ (AB 3) vor, welches ebenfalls in der Zeit Marcs durch die Hand eines unbekannten Autors entstanden ist. Anschließend erzählen die Schüler mit geschlossenen Augen von dem Bild, das in ihren Gedanken entstanden ist. Wenn die Schüler die Augen öffnen, hängt an der Tafel das Bild „Die kleine Pferdestudie II“. Sie sind mit Sicherheit überrascht, wie ähnlich dieses Bild ihrer eigenen Vorstellung ist. Jetzt wird über den Inhalt des Bildes gesprochen. Der Anfang kann die Haltung des Pferdes sein und was sie aussagt. Das Pferd lässt den Kopf hängen, die Rippen sind zu sehen, die Flanken sind eingefallen und es hat das Hinterbein aufgestellt. Es ist erschöpft von der schweren Arbeit. Es hat vielleicht Hunger und ist krank. Die Schüler versuchen, die Haltung des Pferdes nachzuahmen. Vielleicht werden die Schüler von selbst auf die braune Farbe zu sprechen kommen, die ebenfalls traurig wirkt. Diese Traurigkeit kann mit passenden Eigenschaftswörtern beschrieben werden, wie „bedrückt“, „unglücklich“ oder „deprimiert“. So kommt man zu dem Ergebnis, dass der Maler die Farbe bewusst gewählt hat, um seine Gefühle auszudrücken. Um diese gedrückte Stimmung nicht am Ende der Stunde mit aus dem Klassenzimmer zu nehmen, sollen die Schüler jetzt das vorgegebene Konturenbild eines Pferdes (AB 2) in fröhlichen Farben mit Buntstiften ausmalen. Am Ende wird der Name des Malers genannt und den Schülern ein Ausblick auf das bevorstehende Projekt gegeben.

Ergänzende Anmerkung:
Hier wird fächerübergreifend unterrichtet. Die Schüler erweitern ihren Wortschatz im Bereich der Adjektive.

Schild 2:

Kleine Pferdestudie

1905

AB 2:

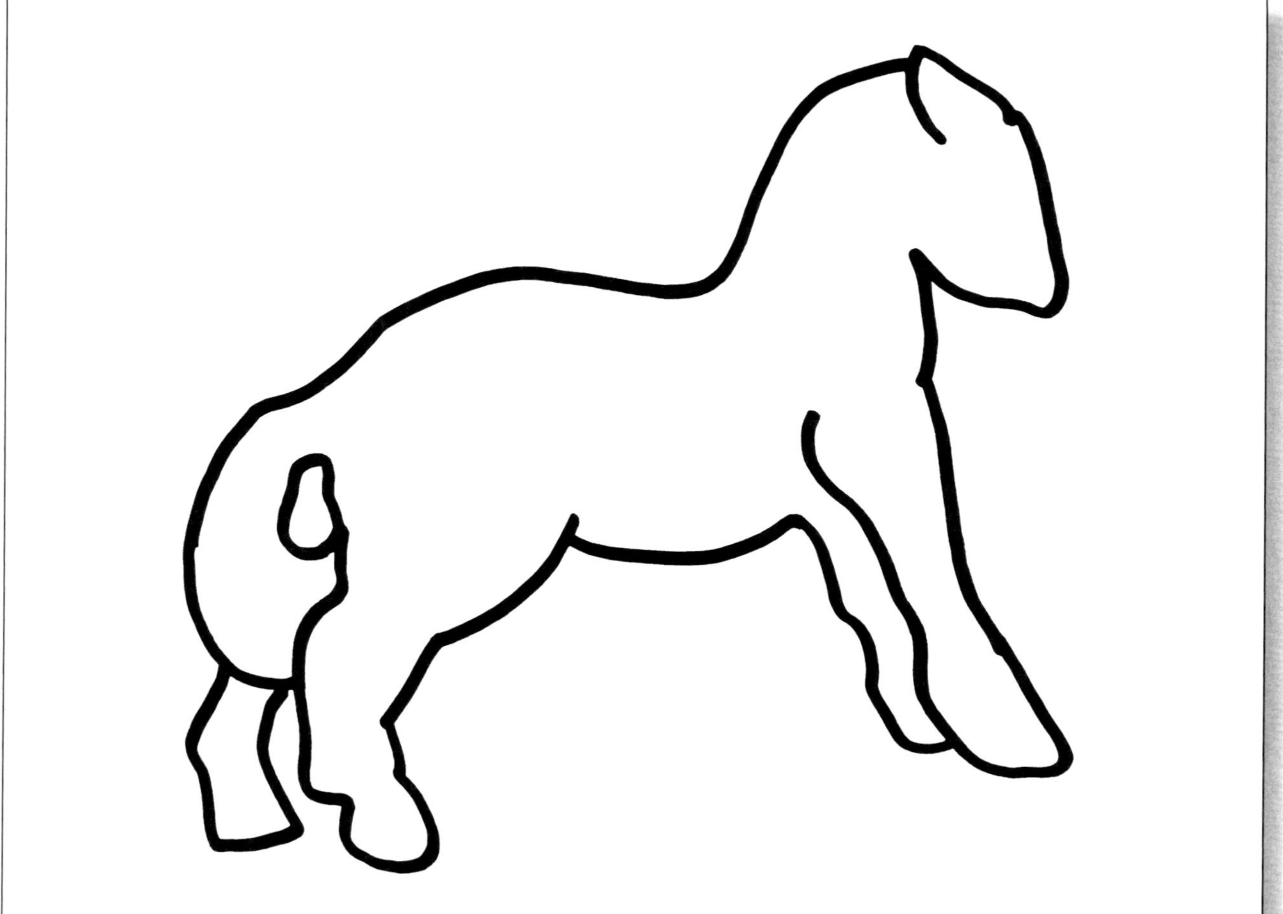

AB 3 (aus: Ernst von Dombrowski: Liebes kleines Pferd):

Gebet eines Pferdes

Gib mir zu fressen, gib mir zu trinken, und sorge für mich
und wenn des Tages Arbeit getan ist, gib mir Obdach,
ein sauberes Lager und eine breite Box.
Sprich zu mir, oft ersetzt mir Deine Stimme die Zügel.
Sei gut zu mir, und ich werde Dir freudiger dienen und Dich lieben.
Reiß nicht an den Zügeln, lass die Peitsche, wenn es aufwärts geht.
Schlage oder stoße mich nicht, wenn ich Dich nicht verstehe,
sondern gib mir Zeit, Dich zu verstehen.
Halte es nicht für ungehorsam, wenn ich Deine Gebote nicht befolge,
vielleicht sind Sattelzeug und Hufe nicht in Ordnung.
Prüfe meine Zähne, wenn ich nicht fresse,
vielleicht habe ich einen kranken Zahn.
Du weißt, wie das schmerzt!
Halftere mich nicht zu kurz an und kupiere meinen Schwanz nicht,
er ist meine einzige Waffe gegen Fliegen und Moskitos!
Und am Ende, geliebter Herr, wenn ich Dir nichts mehr nütze bin,
lasse mich nicht hungern oder frieren und verkaufe mich nicht!
Gib mir nicht einen neuen Herren,
der mich langsam zu Tode quält und mich verhungern lässt,
sondern sei gütig, mein Herr und Gebieter,
bereite mir einen schnellen und barmherzigen Tod
und Dein Gott wird es Dir lohnen, hier und im Jenseits.
Lass mich dies von Dir erbitten und fass es nicht als unehrerbietig auf,
wenn ich es im Namen dessen tue, der in einem Stall geboren wurde.
Amen

(Unbekannter Künstler)

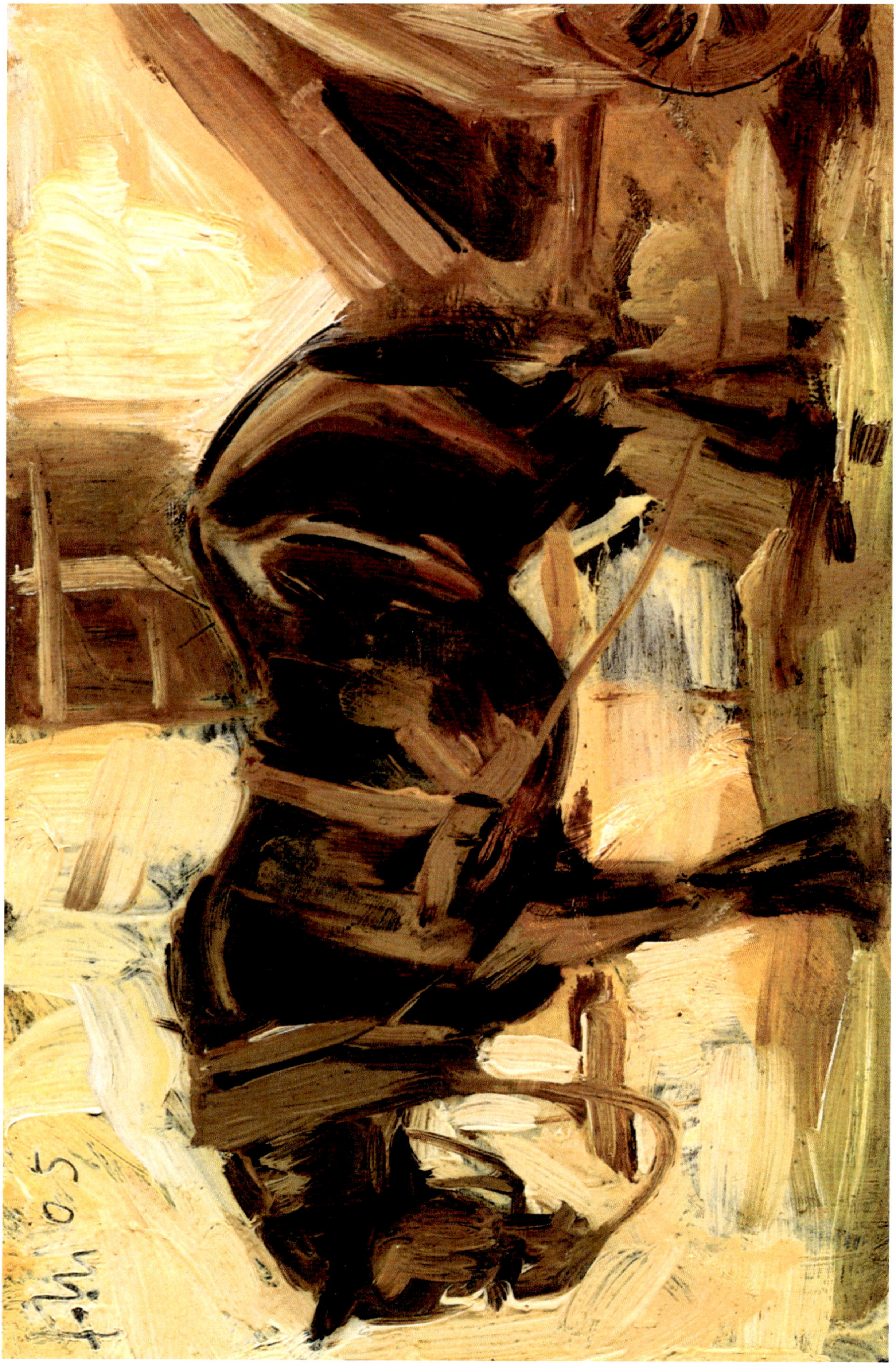

Bild 4: Kleine Pferdestudie II, 1905

3.3 Der tote Spatz

Thema:	Malen mit langen Pinselstrichen
Technik:	Malen auf Kleister mit Wasserfarben und einem breiten Borstenpinsel
Zielsetzung:	Die Technik des Malens mit langen Pinselstrichen auf Kleister kennenlernen
Zeitaufwand:	Eine Doppelstunde
Material:	Tapetenkleister eine Stunde vorher mit einem Schneebesen anrühren, zwei große Kleisterpinsel, Papier DIN A4, Bild 5, Wasserfarbkasten, Borstenpinsel ca. Nr. 10, Schild 3 evtl. laminiert

Unterrichtsverlauf:
Zu Beginn betrachten die Schüler das Bild „Der tote Spatz“. Es wird auf das erarbeitete Wissen der letzten Stunde eingegangen und überlegt, wann Marc dieses Bild wohl gemalt hat. Danach wird die Maltechnik untersucht und die Aufmerksamkeit auf die wenigen, aber langen Pinselstriche gelenkt. Beispielhaft werden einige Pinselstriche des Vogels nachgefahren.

Nun werden die Schüler in die Technik des Malens auf Kleister eingeführt. Der Lehrer zeigt wie man dünn und gleichmäßig mit dem Kleisterpinsel Kleister auf das Blatt aufträgt. Dabei dürfen die Ränder nicht angemalt werden, sonst kann man das Papier nicht mehr anfassen. Solange der Kleister nass ist, können die Schüler mit Wasserfarben und einem dicken Borstenpinsel sowie mit Ölfarben malen. Dabei ist es wichtig, die Farben mit wenig Wasser anzurühren. Die Schüler malen jetzt das Bild in dieser Technik nach. Dabei achten sie darauf, die langen Pinselstriche genau nachzuahmen.

Am Ende betrachtet man mit der Klasse die so entstandenen Arbeiten und spricht darüber, welche Bilder besonders gut gelungen sind.

Ergänzende Anmerkung:
Keine Angst vor dem Malen auf Kleister! Die Kinder müssen beim ersten Mal gut eingeführt werden. Hierbei ist vor allem auf die Sauberkeit zu achten. Dann funktioniert diese Technik problemlos auch mit schwierigen Klassen und ohne große Aufregung für den Lehrer. Die Ergebnisse der Schüler werden Sie positiv überraschen.

Der Kleister hält sich im Eimer bis zu zwei Wochen, wenn er mit einer Plastiktüte abgedeckt und täglich einmal umgerührt wird. So kann übriger Kleister weiterverwendet werden.

Schülerarbeiten:

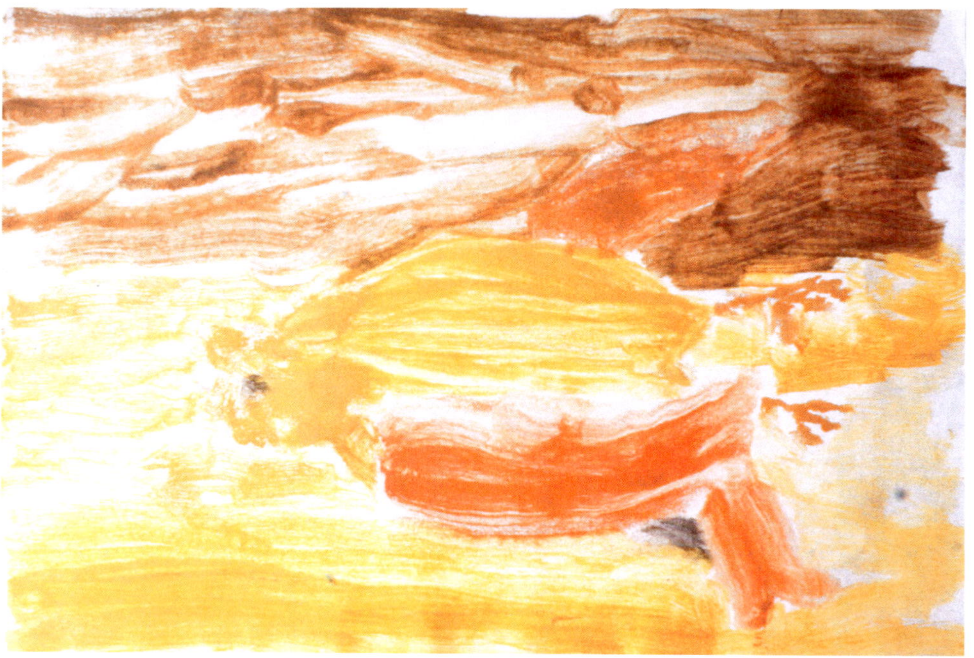

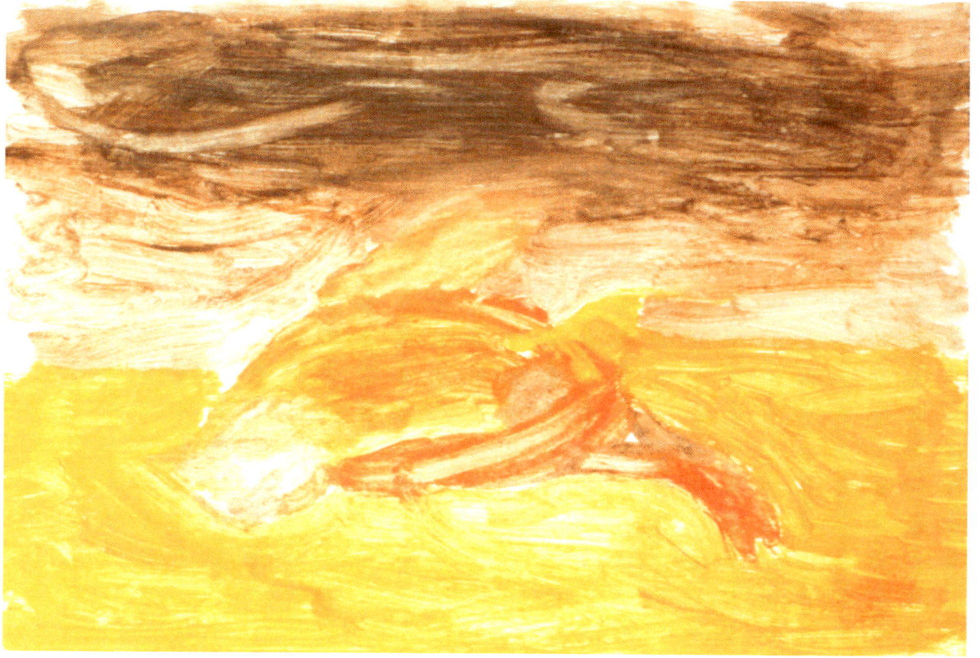

Schild 3:

Der tote Spatz

1905

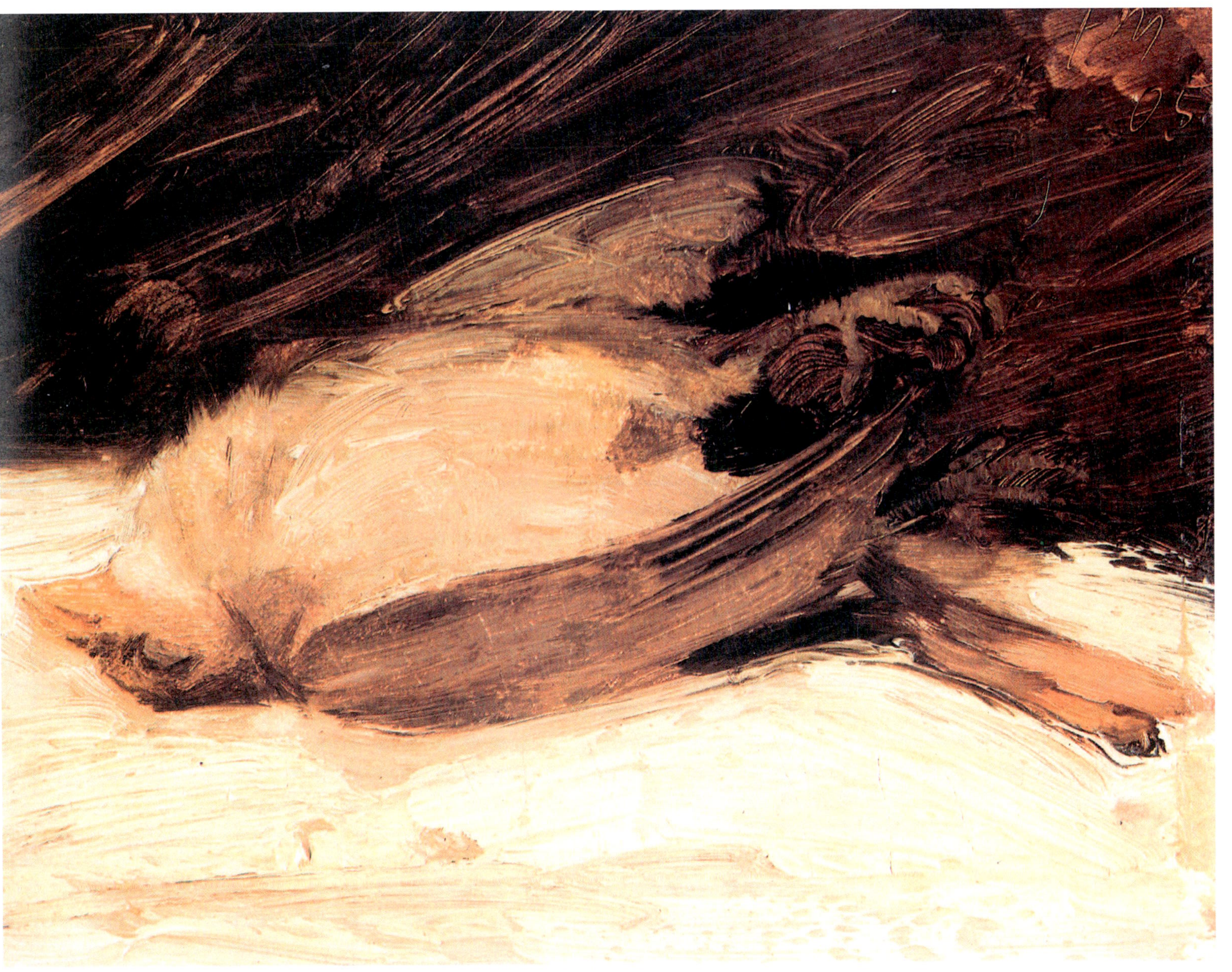

Bild 5: Der tote Spatz, 1905

3.4 Kleines Lärchenbäumchen

Thema: Malen mit kurzen Pinselstrichen

Technik: Malen auf Kleister mit Wasserfarben und einem breiten Borstenpinsel

Zielsetzung: Die Technik des Malens mit kurzen Pinselstrichen auf Kleister kennenlernen

Zeitaufwand: Eine Doppelstunde

Material: Tapetenkleister eine Stunde vorher mit einem Schneebesen anrühren, zwei große Kleisterpinsel, Papier DIN A4, Bild 6, Wasserfarbkasten, Borstenpinsel ca. Nr. 10, Schild 4 evtl. laminiert

Unterrichtsverlauf:
Nachdem in der vorangegangenen Unterrichtseinheit die Farbwahl und eine Maltechnik von Marc besondere Würdigung erfahren haben, kann gleich bei der Betrachtung des Bildes „Kleines Lärchenbäumchen" auf die Grundfarbe Grün und die kurzen Pinselstriche eingegangen werden. Helle und dunkle Grüntöne spielen hier zusammen und sind maßgeblich für die Wirkung des Bildes verantwortlich. Wer möchte, kann an dieser Stelle auch auf den Hell-Dunkel-Kontrast eingehen. Das Bild kann durchgehend, auch der Hintergrund, mit kurzen Pinselstrichen gemalt werden. Nur die Nadeln des Lärchenbäumchens und die bunten Blumen in der Wiese müssen mit der Spitze des Borstenpinsels getupft werden.

Die Schüler gestalten nun das Bild nach. Dies geschieht ebenfalls in der Malen-auf-Kleister-Technik. Bei diesem Bild ist es besonders wichtig, dass erst der Hintergrund, dann der Stamm des Baumes, dann die Nadeln und zuletzt die Blumen gemalt werden. Die Kinder sollten einige Versuche starten, bevor sie ihr endgültiges Bild malen.
Am Ende der Unterrichtseinheit sieht sich die Klasse wieder alle Bilder gemeinsam an und berichtet von ihren Erfahrungen beim Malen. Sicher werden einige Schüler feststellen, dass es nicht so einfach ist, einen Baum auf das Papier zu bringen.

Ergänzende Anmerkung:
Diese Maltechnik funktioniert nicht mit einem Haarpinsel. Mit einem kleineren Borstenpinsel brauchen die Schüler für das Bild zu lange, achten Sie deshalb darauf, dass sie tatsächlich einen breiten Pinsel verwenden.

Schülerarbeiten:

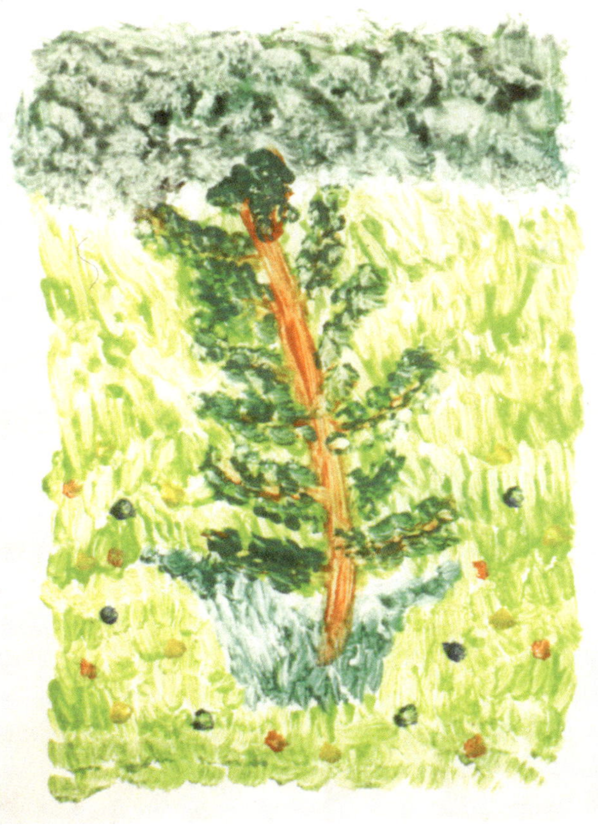

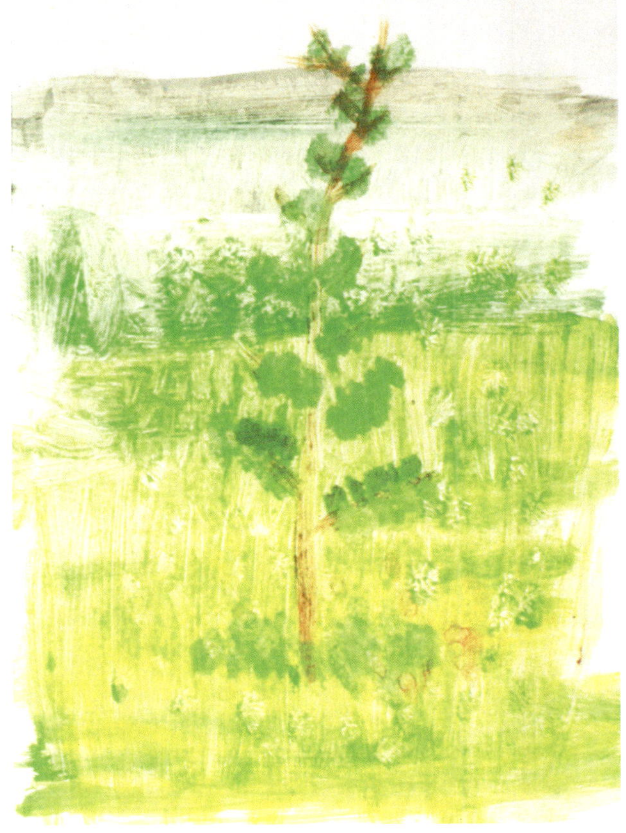

Schild 4:

Kleines Lärchenbäumchen

1908

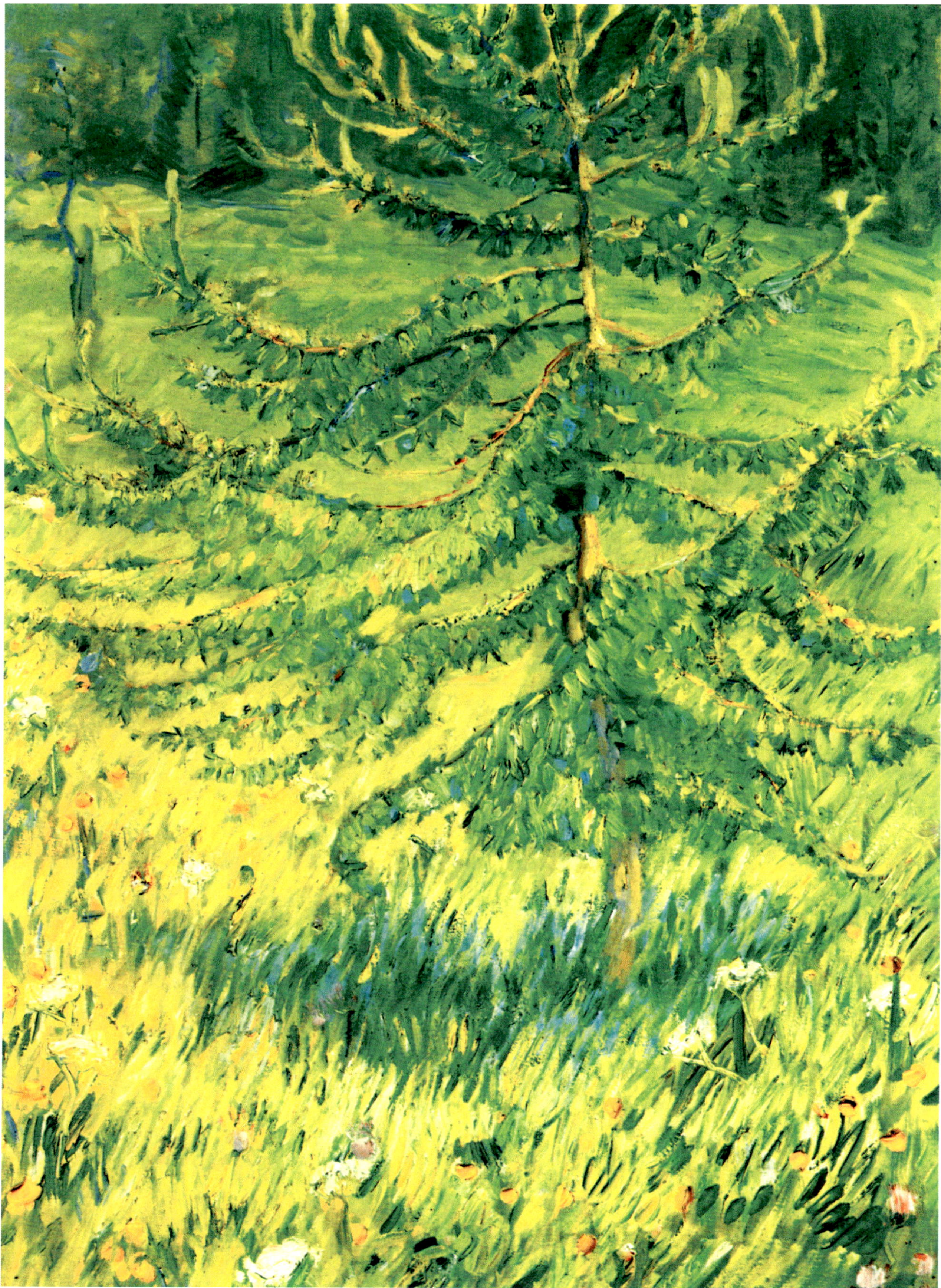

Bild 6: Kleines Lärchenbäumchen, 1908

3.5 Pferde in Landschaft

Thema: Farbwirkung von Grün, Rot, Blau und Gelb

Technik: Malen mit dem Schwamm

Zielsetzung: Den Kalt-Warm-Kontrast und die Technik des Malens mit einem Schwamm kennenlernen

Zeitaufwand: Eine Unterrichtsstunde

Material: AB 4 auf DIN A3 vergrößert; Bild 7; je ein Tonpapier in Blau, Gelb Grün und Rot; ein Klassensatz kleine Schwämme (dazu große Schwämme mit der Schere zerschneiden); Wasserfarbkasten; Wortkarten evtl. laminiert; Schild 5 evtl. laminiert

Unterrichtsverlauf:
Zu Beginn schließen die Kinder die Augen. Als sie diese wieder öffnen, hängt ein großes, gelbes Tonpapier an der Tafel. Die Schüler sollen nun den Karton genau ansehen und alles sagen, was ihnen zu der Farbe einfällt. Zu den entsprechenden Schüleräußerungen hängt der Lehrer die Wortkarten warm, sanft und heiter auf die Farbe Gelb. Danach hängt der Lehrer den roten Karton neben den gelben Karton an die Tafel. Ein möglicher Lehrerimpuls wäre an dieser Stelle: „Stelle dir ein Feuer vor." Der Lehrer hängt die Wortkarten heiß und gefährlich auf die Farbe. In die gleiche Reihe kommt dann der blaue Karton an die Tafel. Die Schüler kommen rasch auf das Wort kalt. Da viele Kinder bei der Farbe Blau an Jungen denken, wird vielleicht auch das Wort stark genannt. Um auf das Wort ruhig zu kommen, kann der Lehrer die Schüler an einen stillen See denken lassen. Am Ende hängt er das grüne Papier unter die anderen. Die Schüler sollen sich vorstellen, wie sie auf einer Wiese liegen. Dann nennen sie sicher schnell die Worte beruhigend und entspannend.

Die Schüler erhalten das AB 4 in DIN A3, auf dem die Umrisse des Pferdes kopiert wurden. Mit einem Schwamm und wenig Wasser malen sie nun nach dem Diktat des Lehrers das Bild an. Hierbei empfiehlt es sich, die vier benötigten Farben im Vorfeld aus dem Farbkasten herauszunehmen, um diesen nicht zu verschmutzen. Zum Malen sollte für jede Farbe eine andere Schwammspitze verwendet werden. Der Lehrer bemüht sich, das Bild möglichst genau und langsam zu beschreiben. Erst wenn alle Kinder fertig sind, bekommen sie das Originalbild von Franz Marc zu sehen.

Der Lehrer hängt möglichst viele Schülerarbeiten und das Originalbild an die Tafel. Er nennt den Schülern den Titel und das Entstehungsjahr des Bildes. Dann wird das Bild mithilfe der Wortkarten vom Anfang besprochen. Die Kinder „fühlen" die Farben. Zum Schluss erfahren die Schüler, dass dieselben Gefühle, die sie bei den Farben hatten, auch Franz Marc bewogen haben, diese Farben zu wählen.

Ergänzende Anmerkung:
Wahrscheinlich werden in dieser Stunde bereits einige Schüler erkennen, dass es keine roten Pferde mit blauen Mähnen in der Natur gibt und Marc hier seine Gefühle und Empfindungen gemalt hat. Wenn nicht, wird sich diese Erkenntnis in einer der nächsten Unterrichtseinheiten sicher einstellen.
Wer sich das Bilddiktat nicht zutraut, kann den Schülern das Bild auch kurz zeigen und sie dann aus dem Gedächtnis malen lassen.

Schülerarbeit:

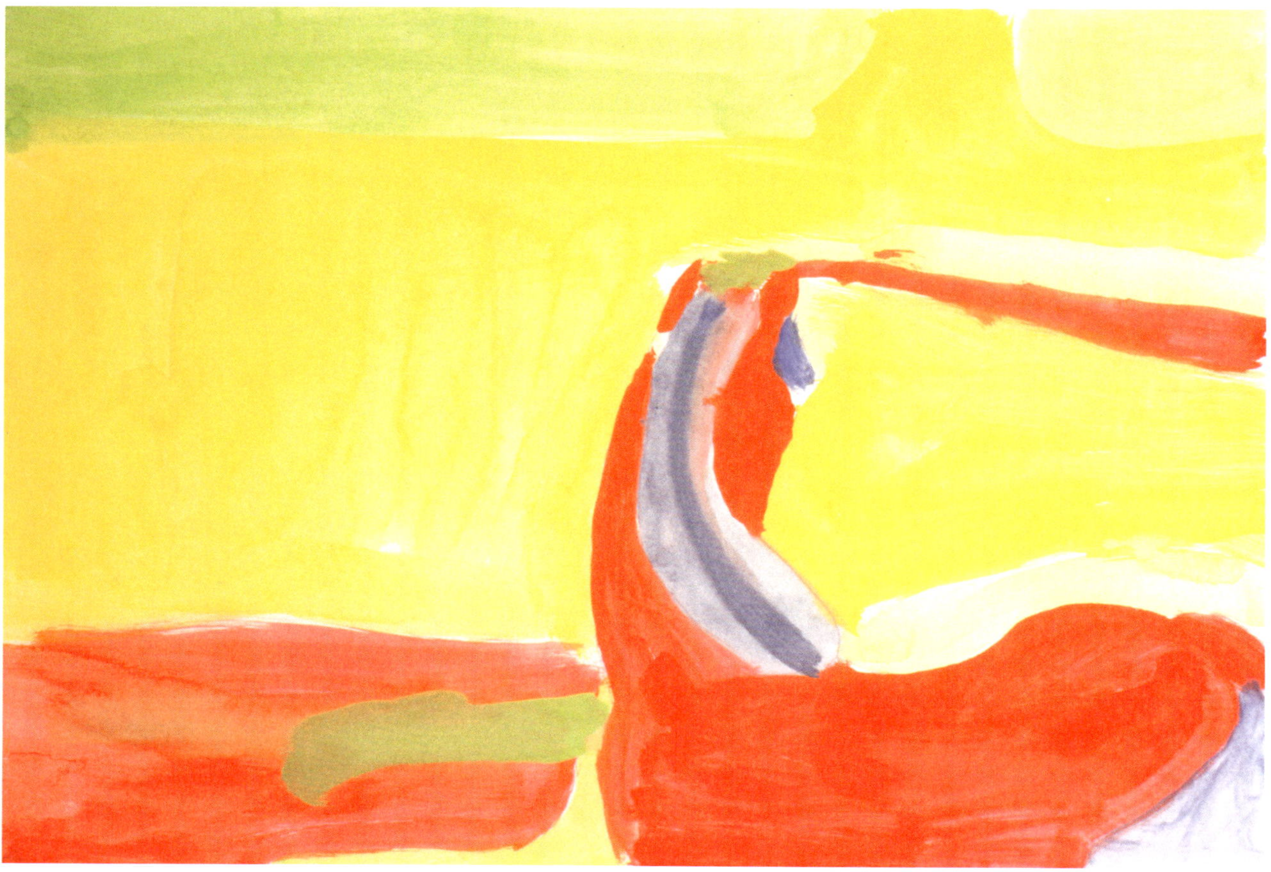

Schild 5:

Pferd in Landschaft

1910

Wortkarten:

Gelb:

warm	sanft	heiter

Rot:

heiß	gefährlich

Blau:

ruhig	stark	kalt

Grün:

beruhigend

entspannend

AB 4: Umrisszeichnung „Pferd in Landschaft“

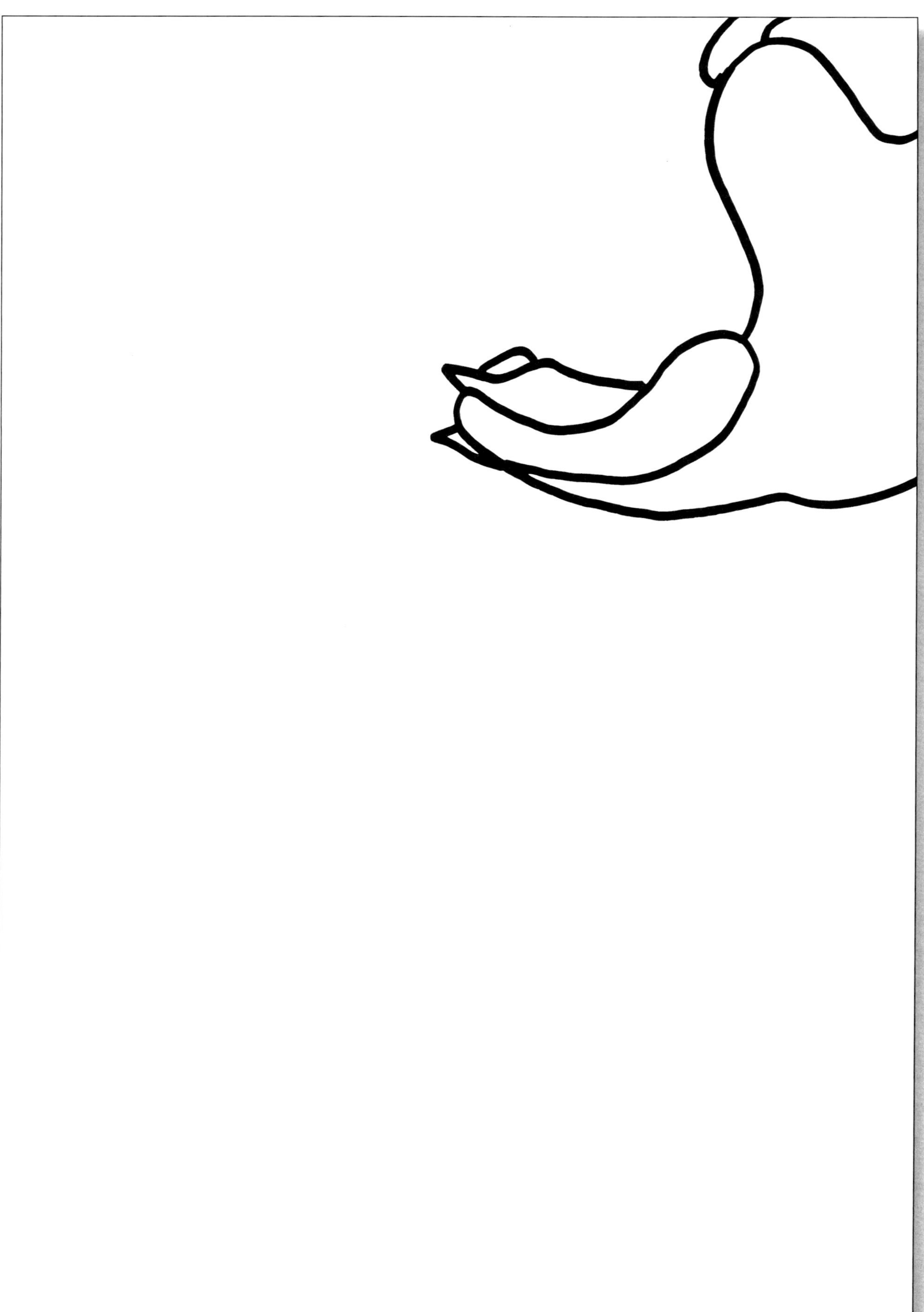

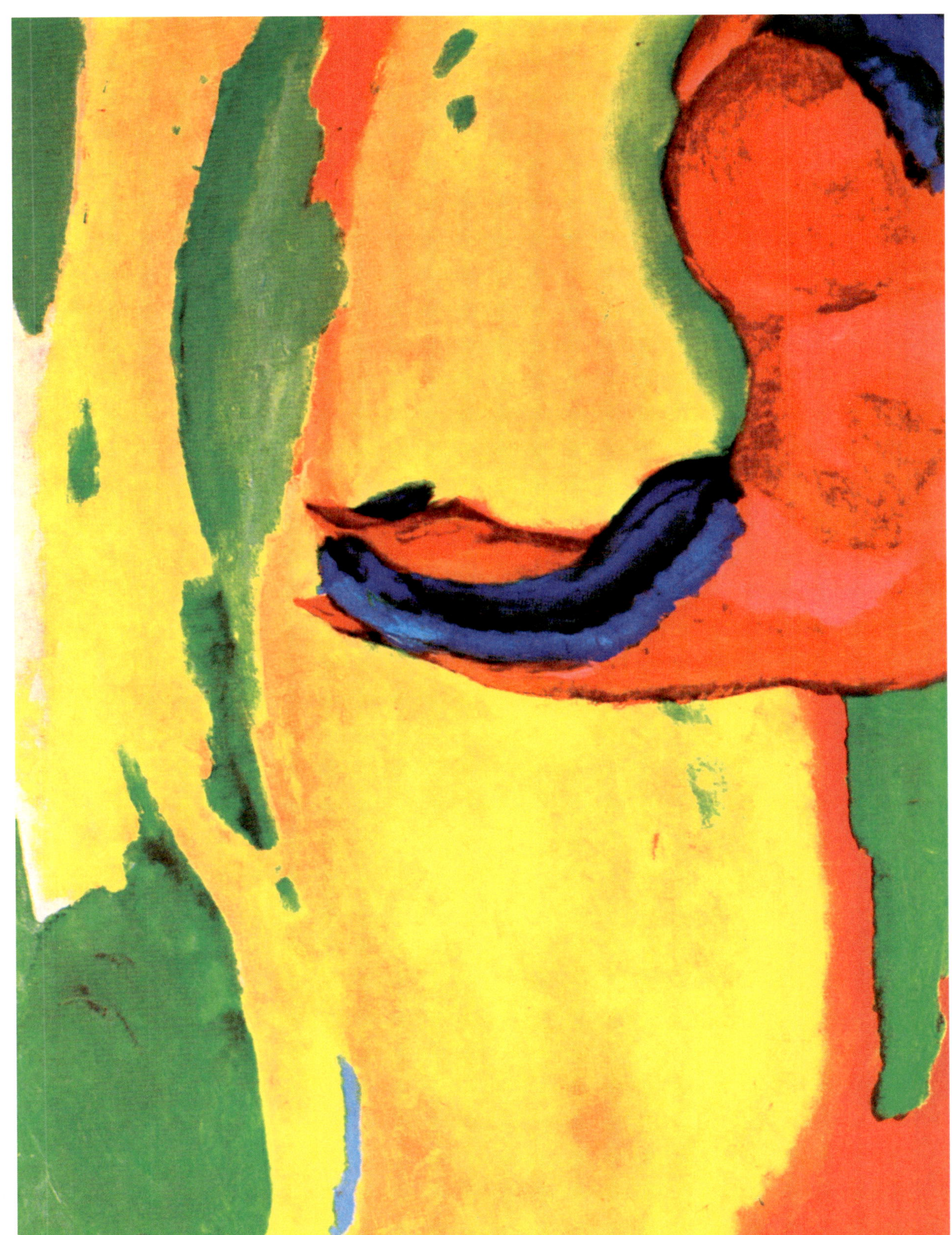

Bild 7: Pferd in Landschaft, 1910

3.6 Die roten Pferde

Thema:	Bildbetrachtung
Technik:	Malen mit Buntstiften
Zielsetzung:	Das Bild mit allen Sinnen wahrnehmen
Zeitaufwand:	Eine Unterrichtsstunde
Material:	Buntstifte, CD mit dem Stück „Sommernachtstraum" von Felix Mendelssohn Bartholdy, AB 5 als Klassensatz kopiert, Bild 8, Schild 6 evtl. laminiert

Unterrichtsverlauf:
Zum Einstieg wird die Musik „Sommernachtstraum" gespielt. Die Schüler haben die Augen geschlossen mit dem Auftrag, sich zu der Musik ein Bild vorzustellen. Die Musik darf auch zwei- oder dreimal gespielt werden. Anschließend erzählen die Schüler von ihrem Bild. Viele werden von einer Landschaft mit Tieren und evtl. auch Pferden berichten. Der Lehrer hängt das Bild von Franz Marc an die Tafel. Die Schüler werden erkennen, dass die Musik gut zu diesem Bild passt und dass dieses Bild vielleicht sogar Ähnlichkeiten mit ihrem inneren Bild hat. Sie stellen Vermutungen über den Namen des Bildes an. Dann hängt der Lehrer den Namen an die Tafel. Die Schüler betrachten das Bild jetzt genauer:

- Was ist im Vordergrund? Was ist im Hintergrund?
- Wie ist die Körperhaltung der Pferde zu verstehen?
- Welche Farben hat Marc gewählt?
- Entsprechen die Farben der Wirklichkeit?
- Welche Formen hat er gewählt?
- Sind alle Dinge gut zu erkennen und genau gemalt?
- Welche Gefühle strahlen diese Farben und Formen aus?
- ...

Auf den Farbe-an-sich-Kontrast kann hier gut eingegangen werden, sofern es der Leistungsstand der Klasse zulässt.

Der Lehrer verdeckt das Bild und die Schüler erzählen, was sie von dem Bild noch wissen. An die Signalfarben Rot und Gelb wird sich sicher jeder erinnern können.
In der folgenden Stillarbeit werden passende Eigenschaftswörter gesucht, um das Bild besser beschreiben zu können.

Das Bild wird wieder zugedeckt. Dann bekommt jeder Schüler eine Umrisszeichnung (AB 5). Während die Musik mehrmals gespielt wird, malen die Schüler aus dem Gedächtnis das Bild mit Buntstiften aus.

Ergänzende Anmerkung:
Hier wird fächerübergreifend unterrichtet. Kunst und Musik bilden hier eine Einheit. Der mündliche Sprachgebrauch wird geschult und der Wortschatz erweitert.

Schild 6:

Die roten Pferde

1911

AB 5: Umrisszeichnung „Die roten Pferde“

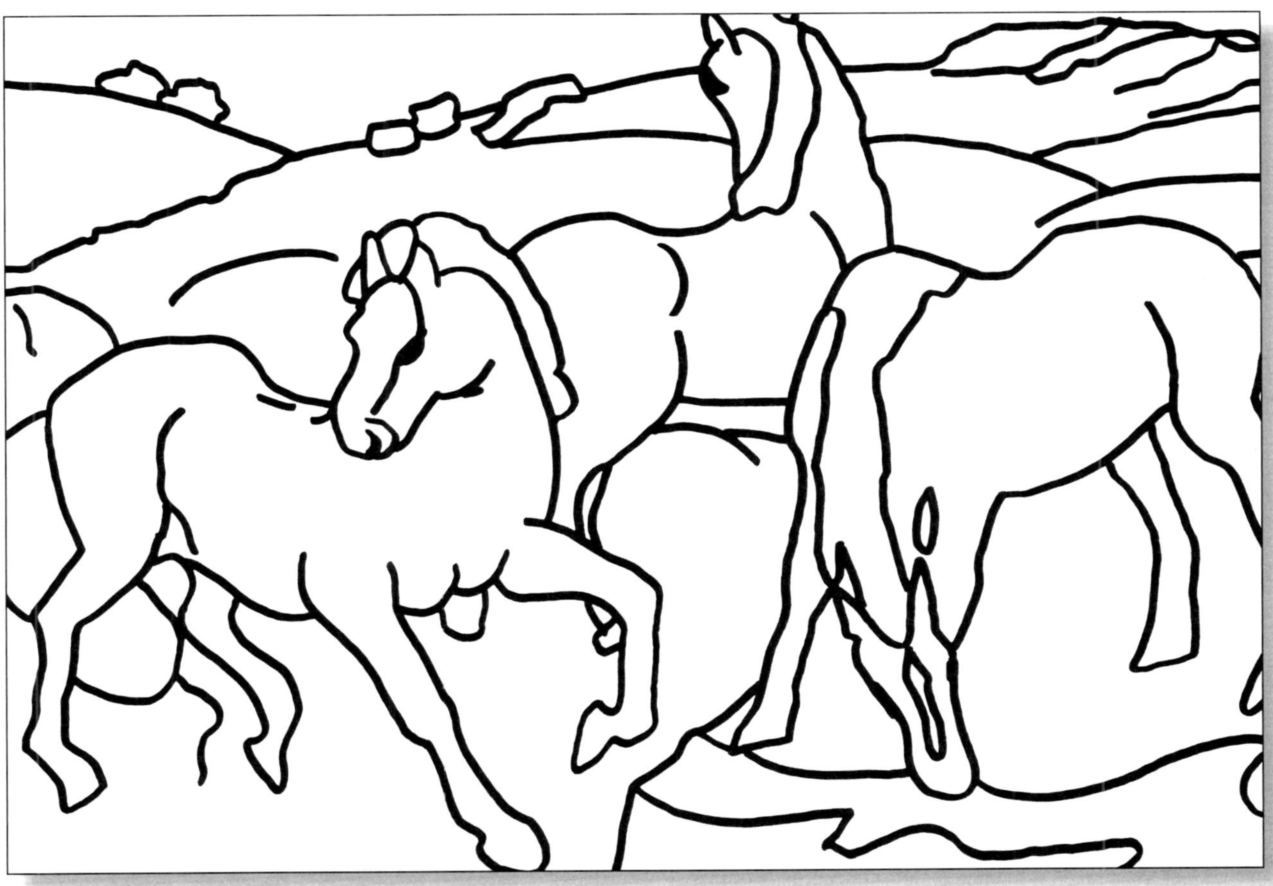

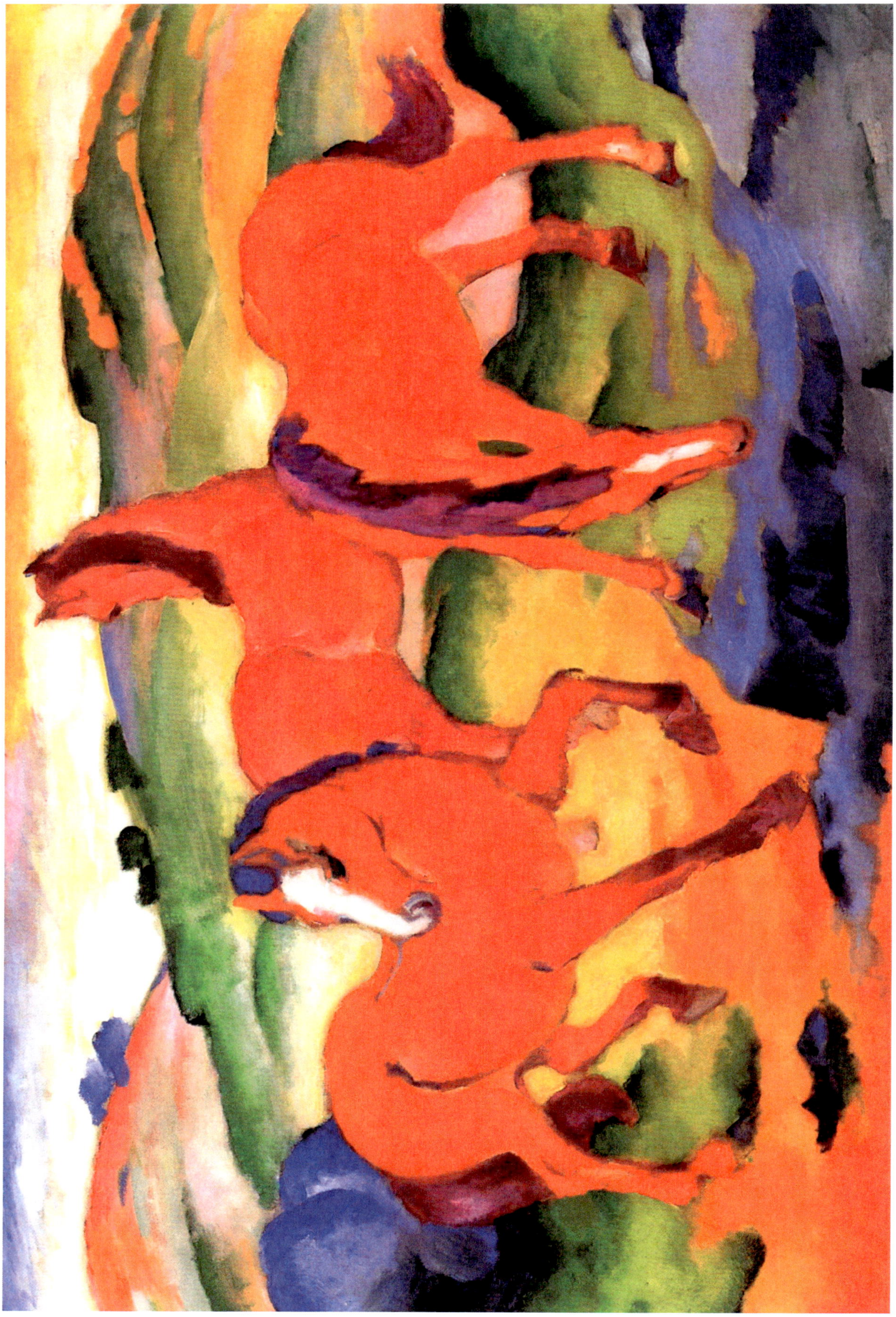

Bild 8: Die roten Pferde, 1911

3.7 Die kleinen gelben Pferde

Thema:	Malen aus dem Gedächtnis
Technik:	Malen mit dem Schwamm
Zielsetzung:	Den Hell-Dunkel- und den Kalt-Warm-Kontrast bewusst wahrnehmen
Zeitaufwand:	Eine Doppelstunde (1. Stunde: Farbkontraste, 2. Stunde: Malen aus dem Gedächtnis)
Material:	Bild 9, kleine Schwämme, Wasserfarbkasten, AB 6 als Klassensatz kopiert, AB 7 als Klassensatz auf DIN A3 vergrößert, Schild 7 evtl. laminiert

Unterrichtsverlauf:
Als Ziel der Stunde wird das Wort Farbkontrast an die Tafel geschrieben. Hier kann evtl. an die letzte Stunde angeknüpft werden. Die Schüler erfahren, dass ein Kontrast ein deutlicher Unterschied zwischen zwei Farben ist. Alle bisher besprochenen Bilder von Franz Marc hängen an der Tafel. Jetzt wird in den Bildern nach Kontrasten gesucht. Sofern die Schüler bereits einige Grundkenntnisse im Bereich der Farbenlehre besitzen, erkennen sie den Kalt-Warm-Kontrast (z. B. blau-rot, weiß-gelb) meist ohne Probleme und auch der Name wird von den Schülern selbstständig gefunden werden. Der Hell-Dunkel-Kontrast (z. B. weiß-schwarz, gelb-dunkelblau) ist in der Regel auch ohne Hilfe des Lehrers zu finden und zu benennen. Dass Rot, Blau und Gelb zusammen bunt aussehen, ist leicht zu erkennen. Den Namen für den Farbe-an-sich-Kontrast muss man jedoch vorgeben. Auf dem Arbeitsblatt (AB 6) können die Schüler je ein Beispiel für diese Kontraste mit Wasserfarben aufmalen und ein eigenes Beispiel dazu finden.
Im zweiten Teil der Unterrichtseinheit betrachten die Schüler „Die kleinen gelben Pferde". Nach einer kurzen Besprechung wird das Bild verdeckt und die Schüler erhalten eine Umrisszeichnung (AB 7) in DIN A3. Mit dem Schwamm malen sie nun aus dem Gedächtnis das Bild richtig an. Die Farben des Bildes sind so eindrücklich, dass dies kein Problem ist. Am Ende werden die Schülerarbeiten mit dem Bild von Franz Marc verglichen und besprochen.

Ergänzende Anmerkung:
Die Anzahl der besprochenen Kontraste richtet sich nach der Leistungsfähigkeit der Klasse. Der Farbkreis von Itten kann problemlos aus dem Internet heruntergeladen und farbig ausgedruckt werden.

Schild 7:

Die kleinen gelben Pferde

1912

AB 6: Farbkontraste

Farbkontraste

1. Farbe-an-sich-Kontrast:
Er ist bunt und kraftvoll.

Eigenes Beispiel:

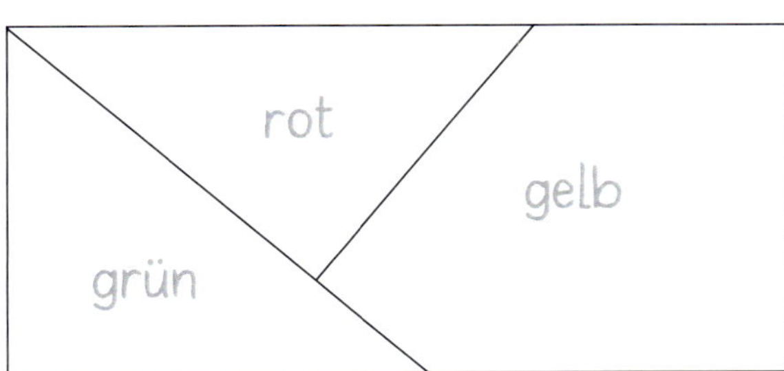

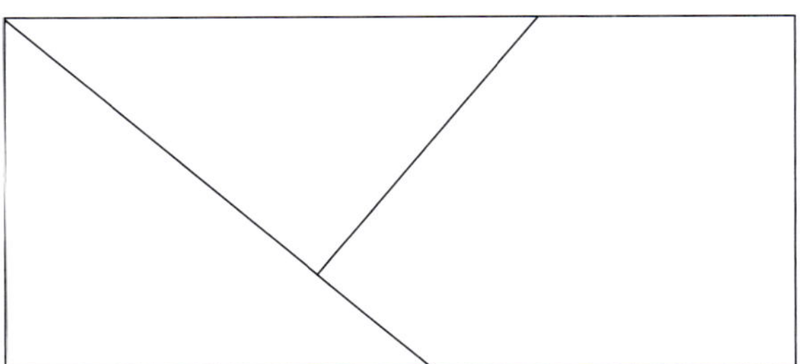

2. Hell-Dunkel-Kontrast:
Den stärksten Kontrast bilden die Farben Schwarz und Weiß.

Eigenes Beispiel:

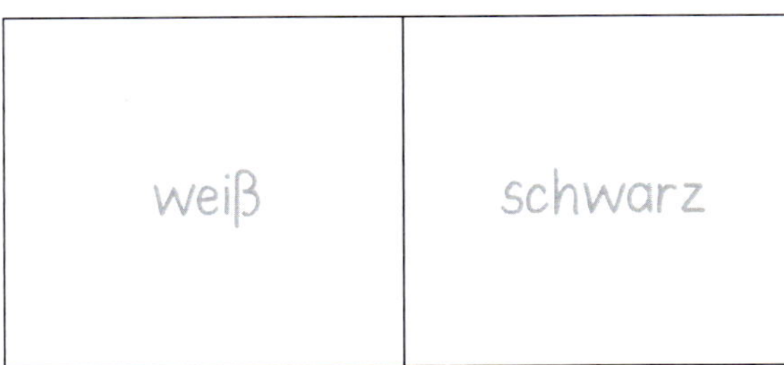

3. Kalt-Warm-Kontrast:
Dieser Kontrast entsteht, wenn kalte und warme Farben direkt nebeneinander stehen.

Eigenes Beispiel:

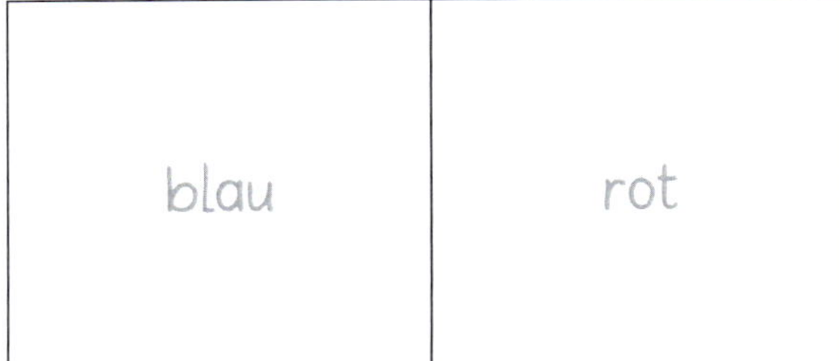

AB 7: Umrisszeichnung „Die kleinen gelben Pferde“

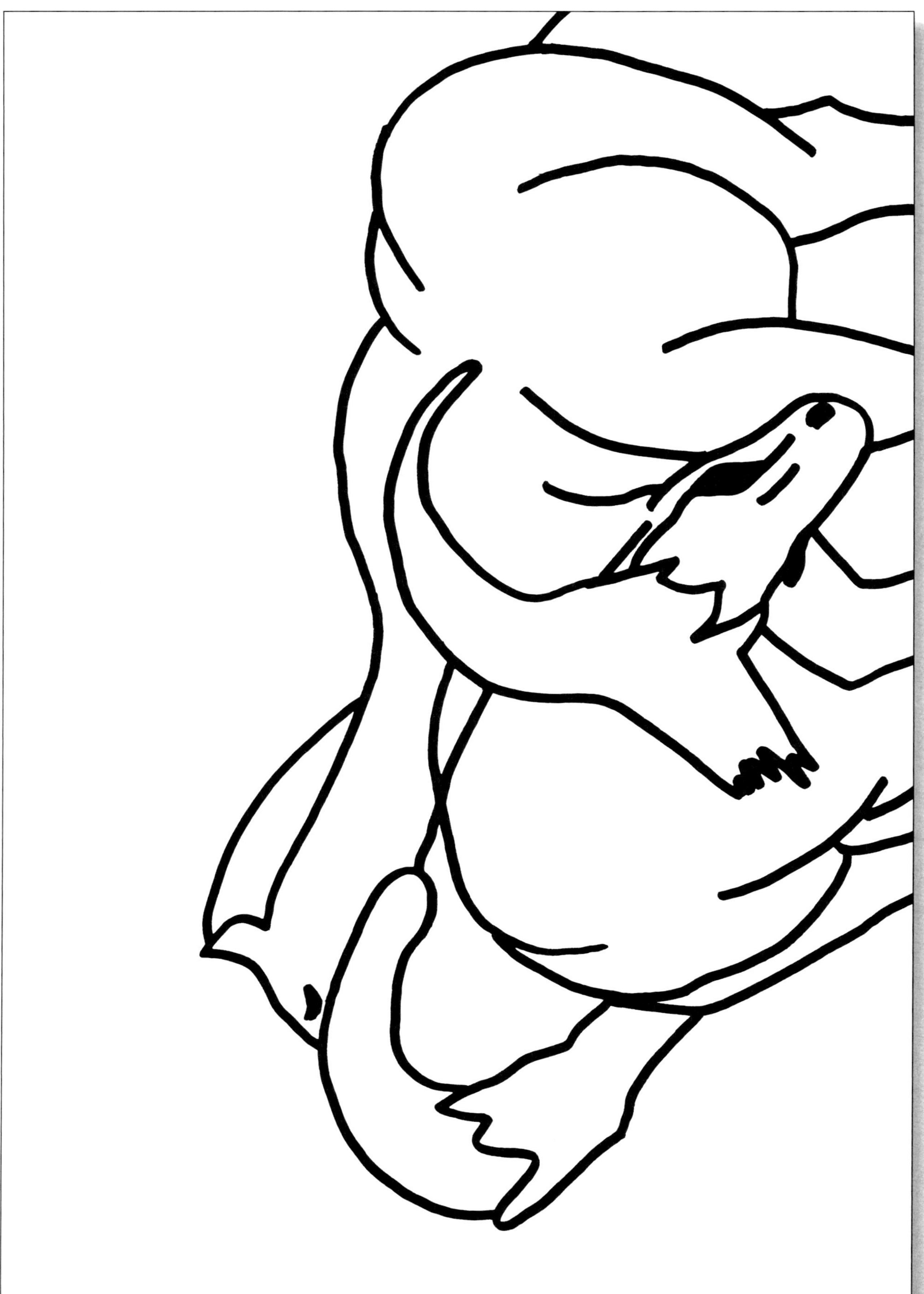

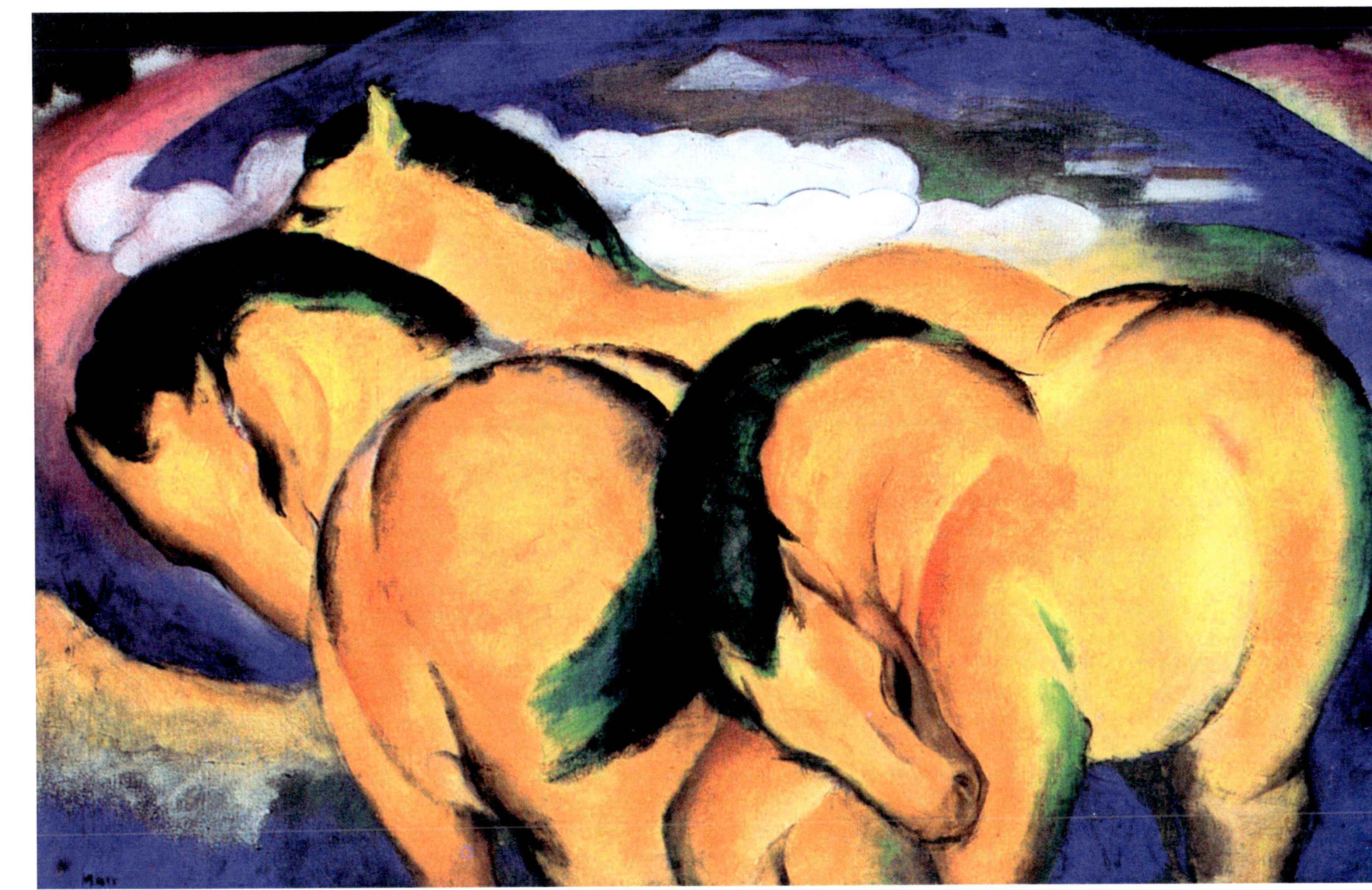

Bild 9: Die kleinen gelben Pferde, 1912

3.8 Blaues Pferd

Thema:	Bildverfremdung: Blaues Pferd in der Schule
Technik:	Technik frei wählbar
Zielsetzung:	Eigene Ideen entwickeln
Zeitaufwand:	Eine Unterrichtsstunde
Material:	Malutensilien frei wählbar, AB 8 als Klassensatz auf blaues Papier kopiert, Bild 10, Schild 8 und 9 evtl. laminiert, Wasserfarbkasten, Kleister, Pinsel, Schwämme

Unterrichtsverlauf:
Anhand des Bildes „Blaues Pferd“, das an der Tafel hängt, wiederholen die Schüler das bereits Gelernte. Danach schließen sie die Augen und der Lehrer bittet die Kinder, sich vorzustellen, dass das Pferd aus dem Gemälde davongaloppiert. Er beschreibt den Weg, den das Pferd wählt, bis es schließlich in der Schule ankommt und durchs Schulhaus trabt. Die Schüler öffnen die Augen und sollen nun malen, was sie vor ihrem inneren Auge gesehen haben. Die Technik, mit der der Hintergrund entsteht, ist frei wählbar. Nur der Wasserfarbkasten als bildnerisches Mittel wird vorgegeben. Das blaue Pferd wird von den Kindern nicht gemalt, sondern aus blauem Tonpapier ausgeschnitten und auf ihr trockenes Bild geklebt. Zum Schluss werden die Schülerarbeiten an die Tafel gehängt und je nach verbleibender Zeit dürfen einige Schüler erzählen, was sie gemalt haben.

Ergänzende Anmerkung:
Hier wird fächerübergreifend unterrichtet. Die Schüler erzählen am Ende kleine Geschichten zu ihrem Bild, die im Deutschunterricht im Bereich „Texte verfassen“ weiter ausgearbeitet werden können.

Schild 8:

Blaues Pferd

1911

Schild 9:

Frei nach Franz Marc:
Blaues Pferd in der Schule

AB 8: Umrisszeichnung „Blaues Pferd“

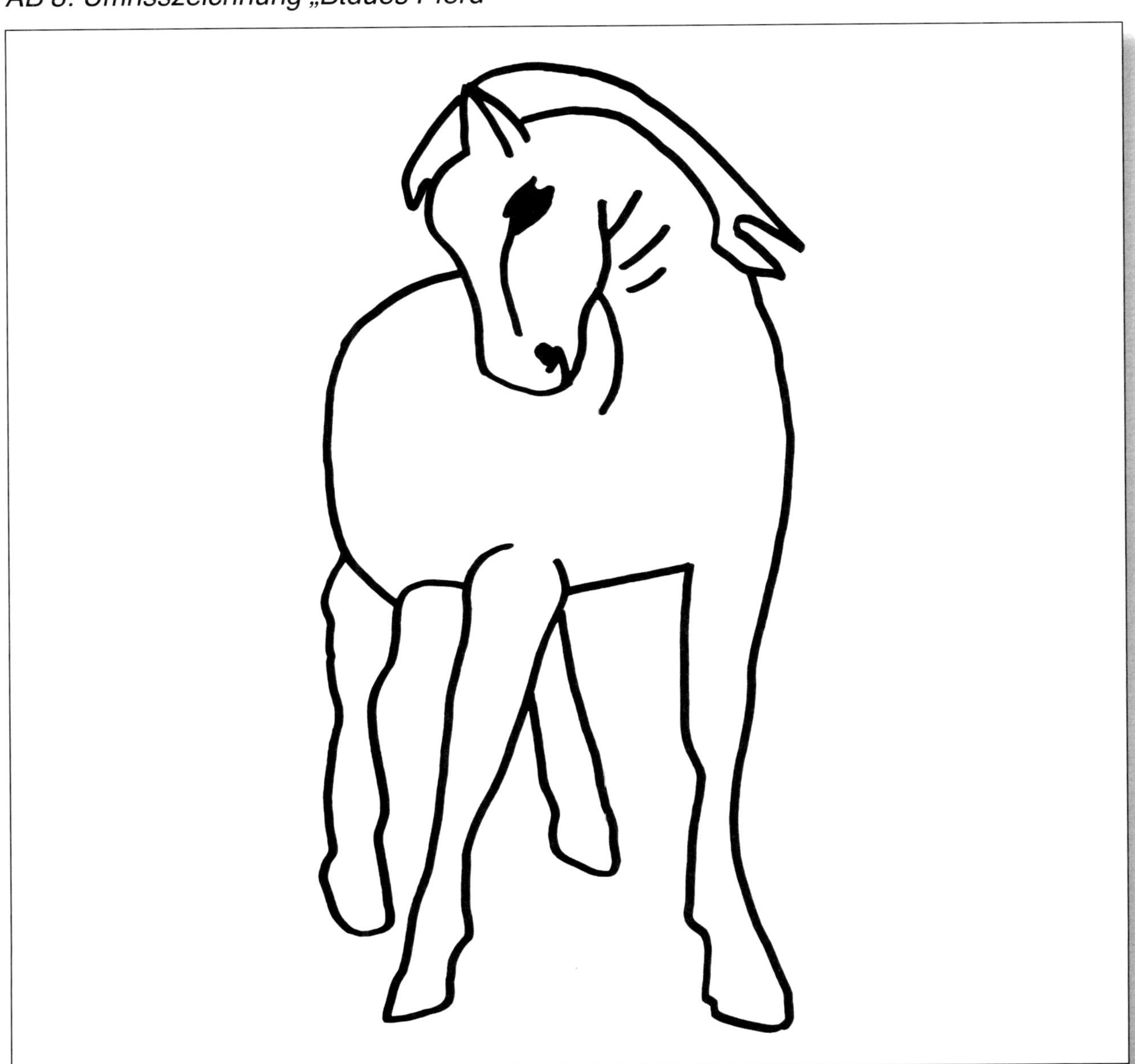

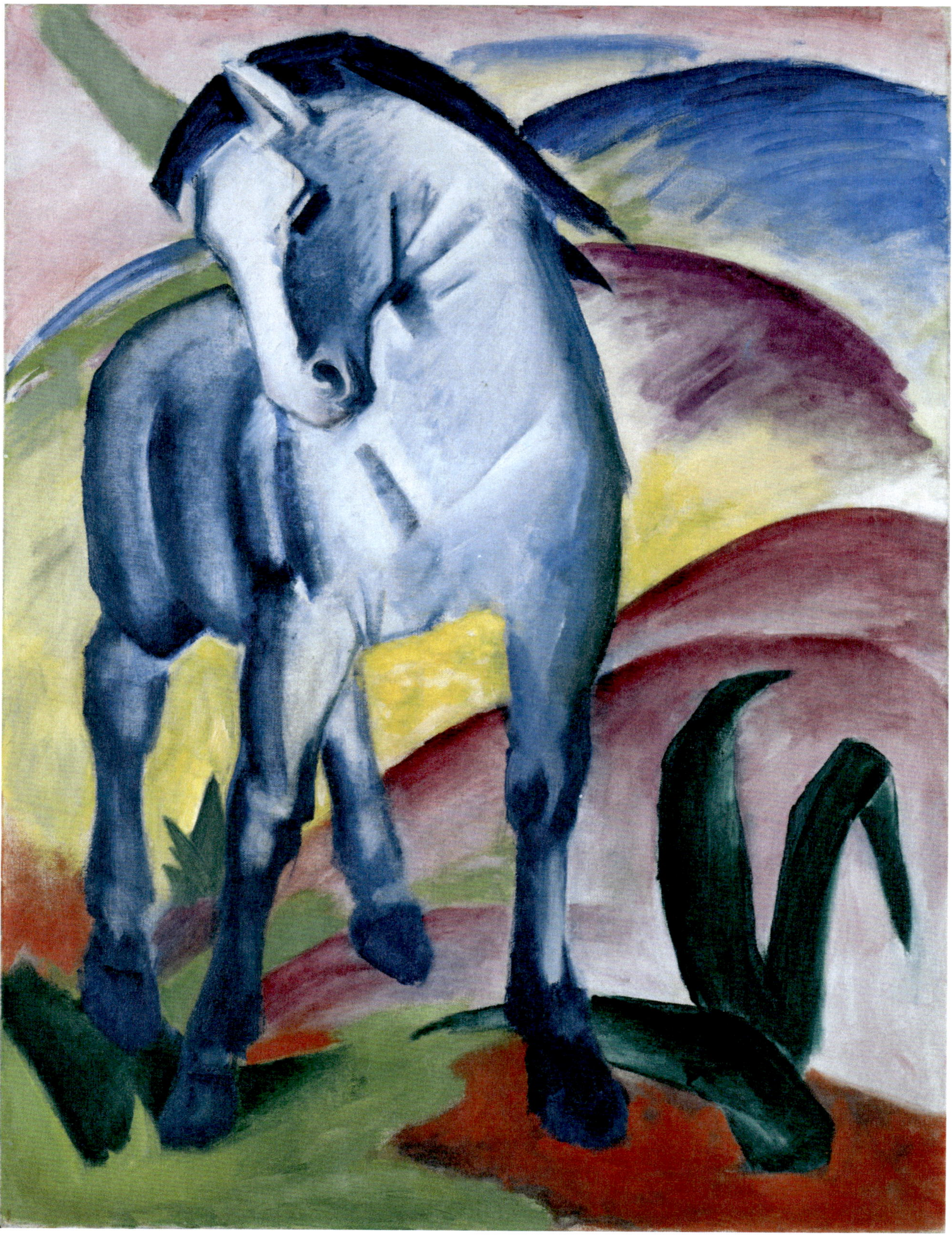

Bild 10: Blaues Pferd, 1911

3.9 Das rote und das blaue Pferd

Thema: Ein Blick durchs Schlüsselloch – Gestalten eines Bildes anhand eines Bildausschnittes

Technik: Technik frei wählbar

Zielsetzung: Anhand des vorgegebenen Bildfragmentes das Bild im Sinne von Franz Marc fertigmalen

Zeitaufwand: Eine Unterrichtsstunde

Material: Wasserfarbkasten, Kleister, Pinsel, Schwämme, AB 9 als Klassensatz auf DIN A3 vergrößert, Bild 11, Schild 10 evtl. laminiert

Unterrichtsverlauf:
Die Schüler bekommen einen Ausschnitt aus dem Bild „Das rote und das blaue Pferd" (AB 9), im Idealfall farbig kopiert. Sie erhalten den Auftrag, das Bild so fertigzumalen, als hätte Franz Marc es gestaltet. Jetzt müssen sie ihr gelerntes Wissen anwenden. Es wird mit dem Farbkasten gemalt. Die Technik dürfen die Schüler frei wählen. Wenn alle Arbeiten fertig an der Tafel hängen, spricht die Klasse über die einzelnen Werke und sucht heraus, wer den Stil von Franz Marc besonders gut getroffen hat. Erst danach zeigt der Lehrer das Bild „Das rote und das blaue Pferd" und nennt den Titel des Werkes. Es kann noch etwas über das Werk gesprochen werden. Wichtig ist bei dieser Unterrichtseinheit, dass die Werke der Schüler im Mittelpunkt stehen und Franz Marc langsam zurücktritt.

Ergänzende Anmerkung:
Die Schüler werden in dieser und den folgenden Stunden dazu animiert, ihren eigenen Stil zu finden. Die wenigen Vorgaben weisen aber auch ängstlichen oder weniger begabten Schülern einen Weg zum selbstständigen, kreativen Arbeiten – genauso, wie Franz Marc mithilfe seiner malenden Freunde seinen eigenen Malstil gefunden hat.

Schild 10:

Das rote und das blaue Pferd

1912

AB 9: Ausschnitt aus „Das rote und das blaue Pferd“

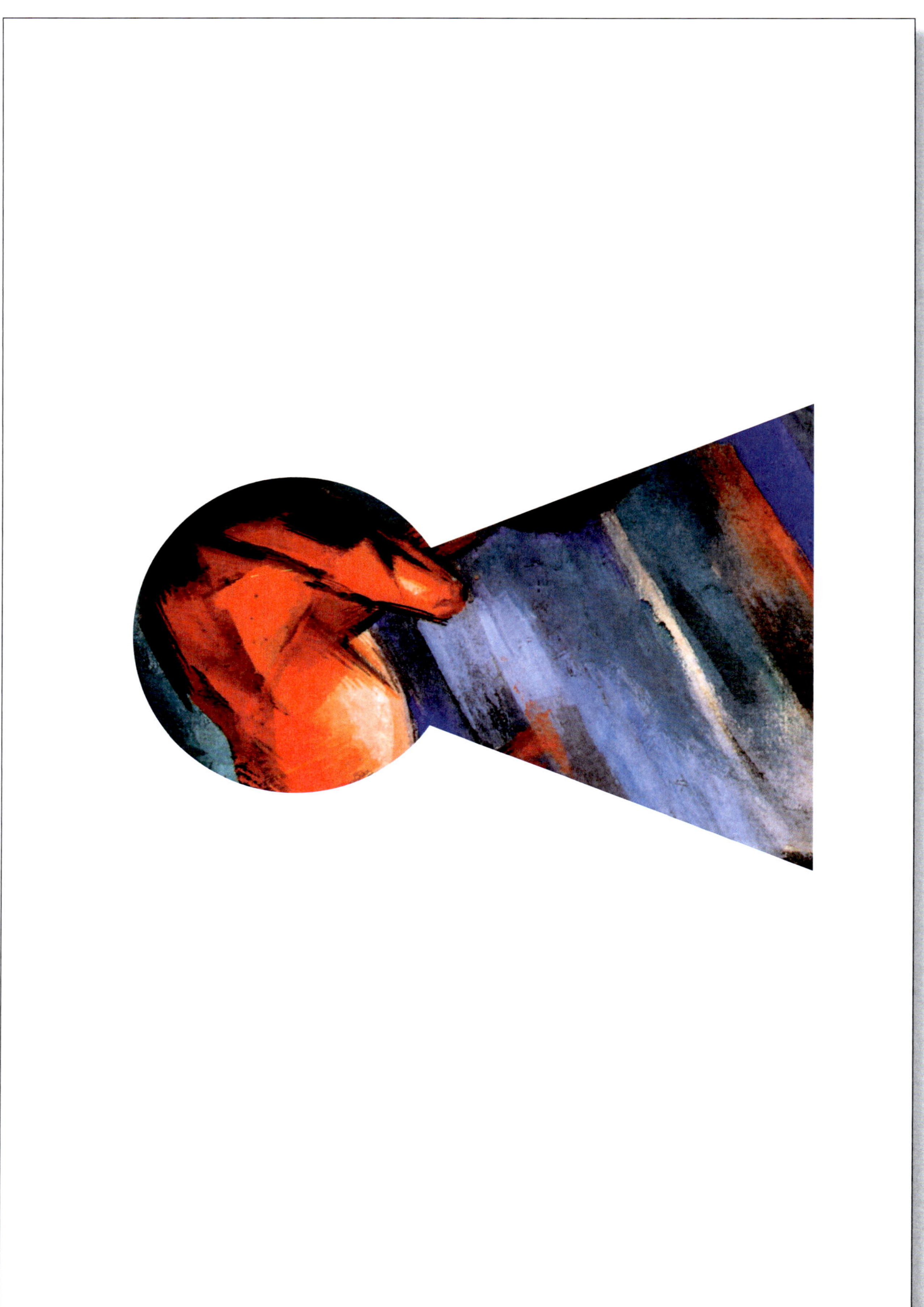

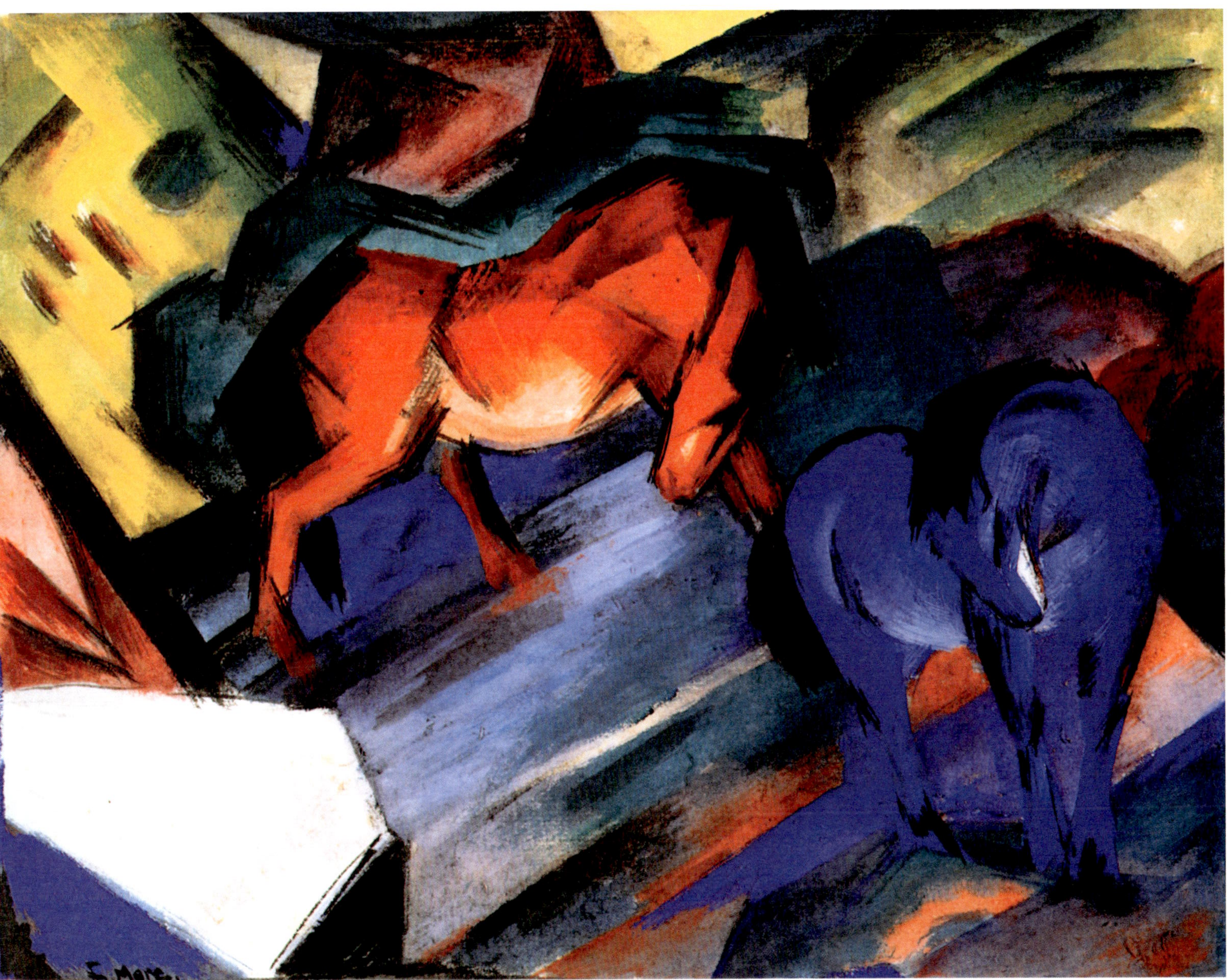

Bild 11: Das rote und das blaue Pferd, 1912

3.10 Träumendes Pferd

Thema: Vertonen eines Kunstwerkes

Technik: –

Zielsetzung: Sich in das Werk hineinversetzen, um es mit Tönen nachzugestalten

Zeitaufwand: Eine Unterrichtsstunde

Material: Schild 11 evtl. laminiert, Bild 12, Block, verschiedene Musikinstrumente

Unterrichtsverlauf:
Als Einstieg in diese Einheit findet ein Unterrichtsgespräch über „Träumen" statt. Die Kinder erhalten hier die Gelegenheit, von ihren Erfahrungen zu berichten und eindrucksvolle Träume zu erzählen. Das Werk hängt zusammen mit dem Titel an der Tafel. Die Schüler äußern sich dazu und überlegen, wovon das Pferd denn träumen könnte. Sicher erkennen einige, dass das ganze Bild schon etwas „ungenau" aussieht, wie in einem Traum. Trotzdem werden sie ein zweites Pferd, Gras, Bäume und einige weitere Dinge zu erkennen glauben. Vermutlich werden einige Schüler daraus schlussfolgern, dass Marc hier mehr mit dem Herzen (Gefühlen) gemalt hat als mit dem Auge. Die Schüler schreiben jetzt auf den Block einen der Träume, die am Anfang erzählt wurden, als Geschichte auf. Dies kann in Einzel-, Partner- oder Gruppenarbeit geschehen. Danach werden die Schüler in Gruppen aufgeteilt. Instrumente werden verteilt. Jede Gruppe einigt sich auf eine Geschichte und versucht diese, während sie erzählt wird, mit Klängen zu untermalen. Zuletzt erzählt und spielt jede Gruppe ihre Geschichte vor.

Ergänzende Anmerkung:
Hier wird fächerübergreifend unterrichtet. Der Kunstunterricht geht fließend in den Musik- und Deutschunterricht über.

Schild 11:

Träumendes Pferd

1913

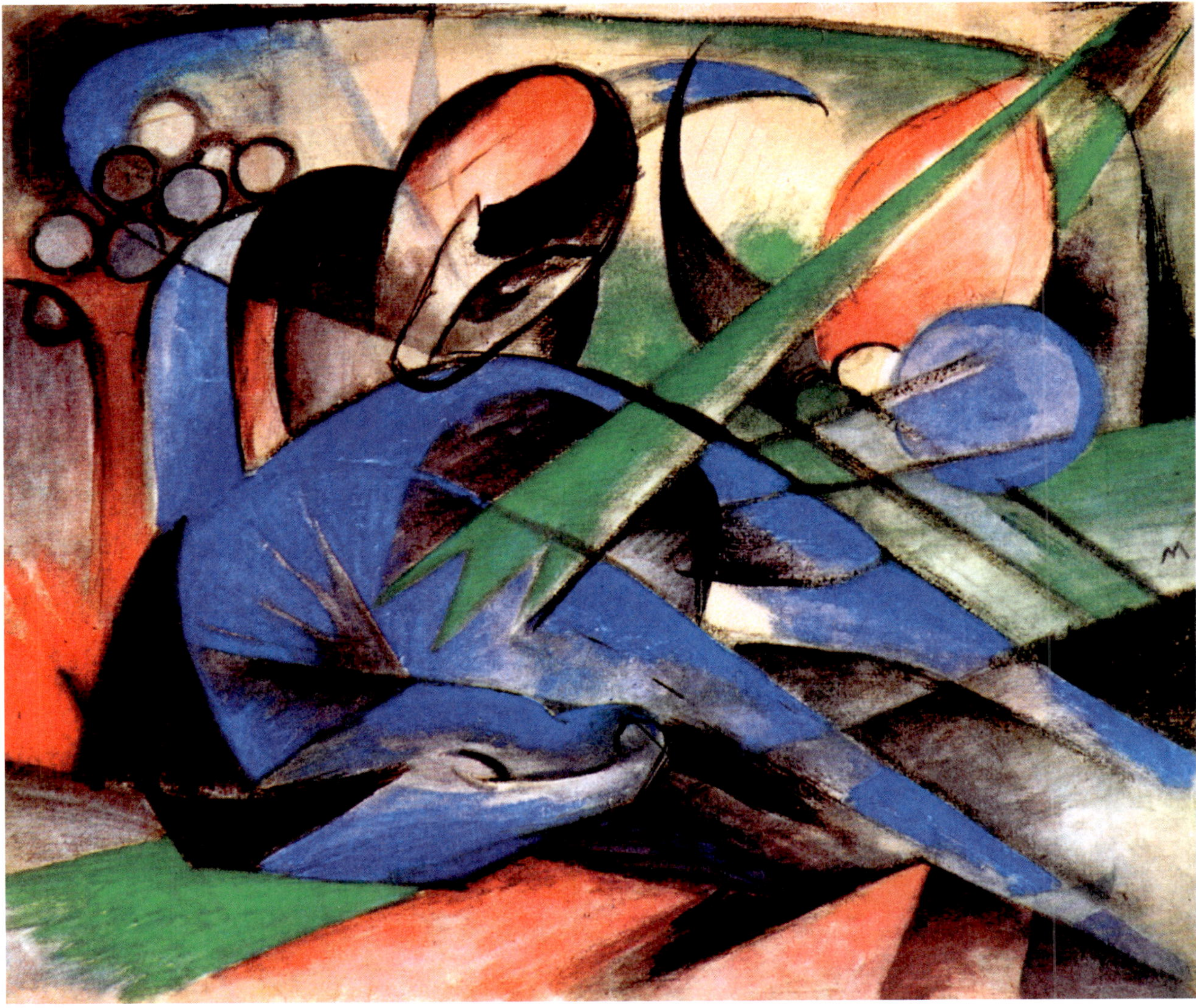

Bild 12: Träumendes Pferd, 1913

3.11 Stallungen

Thema:	Wir verstecken ein Pferd
Technik:	Malen mit Buntstiften
Zielsetzung:	Einen Gegenstand verfremden und verstecken
Zeitaufwand:	Eine Doppelstunde
Material:	Dicke, schwarze Filzstifte; Buntstifte in Gelb, Rot, Blau und Grün; AB 10 als Klassensatz auf DIN A3 vergrößert; Bild 13; Schild 12 evtl. laminiert

Unterrichtsverlauf:
Die Umrisse eines Pferdes (AB 10) werden ausgeteilt. Der Lehrer gibt das Stundenziel vor. Dieses Pferd soll versteckt werden. Nachdem viele Vermutungen, wie das wohl geschehen soll, geäußert wurden, erinnert der Lehrer an das Bild „Das träumende Pferd". Hier wurde auch einiges versteckt. Es kommt sicher jemand darauf, dass hier etwas mit Strichen verborgen wurde. Der Lehrer erklärt nun die Vorgehensweise. Mit dem dicken, schwarzen Filzstift werden Linien auf das Pferdebild gezeichnet. Diese Linien kreuzen sich, gehen bis zum Rand und gehen auch durch das Pferd hindurch. Hier zwei verschiedene Möglichkeiten:

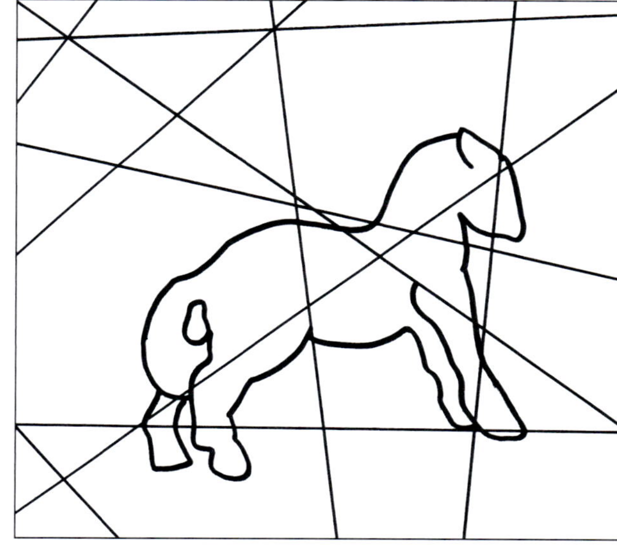

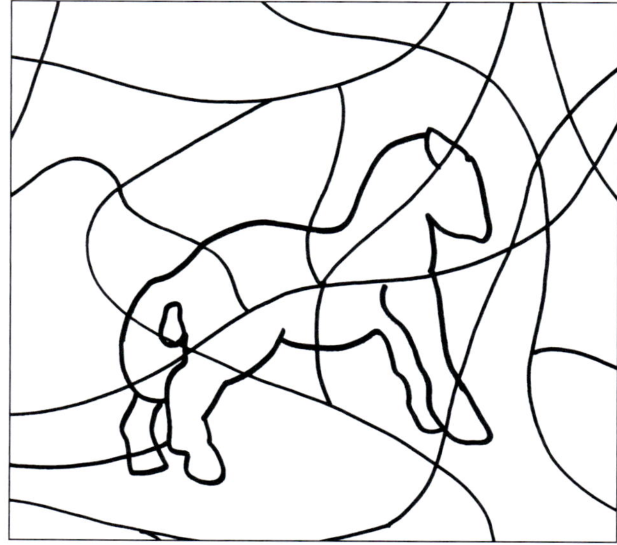

Anschließend werden die einzelnen Flächen mit den vier Farben Gelb, Rot, Blau und Grün ausgemalt. Dabei dürfen an den Seiten zusammentreffende Felder nicht in der gleichen Farbe ausgemalt werden. Die Ergebnisse sind mit Buntstiften am schönsten. Schneller geht es mit Wasserfarben, dafür wird es aber nicht so ordentlich. Wenn alle Schülerarbeiten an der Tafel hängen, kann deutlich gesehen werden, dass die Pferde nur noch schwer zu erkennen sind. Es wird jetzt das Bild „Stallungen" zusammen mit dem Namensschild aufgehängt. Der Lehrer fragt nach, wie viele Pferde auf diesem Bild versteckt wurden. Die Schüler zählen nach. Man kann die Anzahl jedoch nicht genau festlegen.

Ergänzende Anmerkung:
Die Schüler erkennen hier auf sehr einfache Art, dass bei Franz Marc das gegenständliche Malen immer mehr in den Hintergrund trat. Gegenstände wurden immer mehr verfremdet.

Schild 12:

Stallungen **1913**

AB 10: Umrisszeichnung

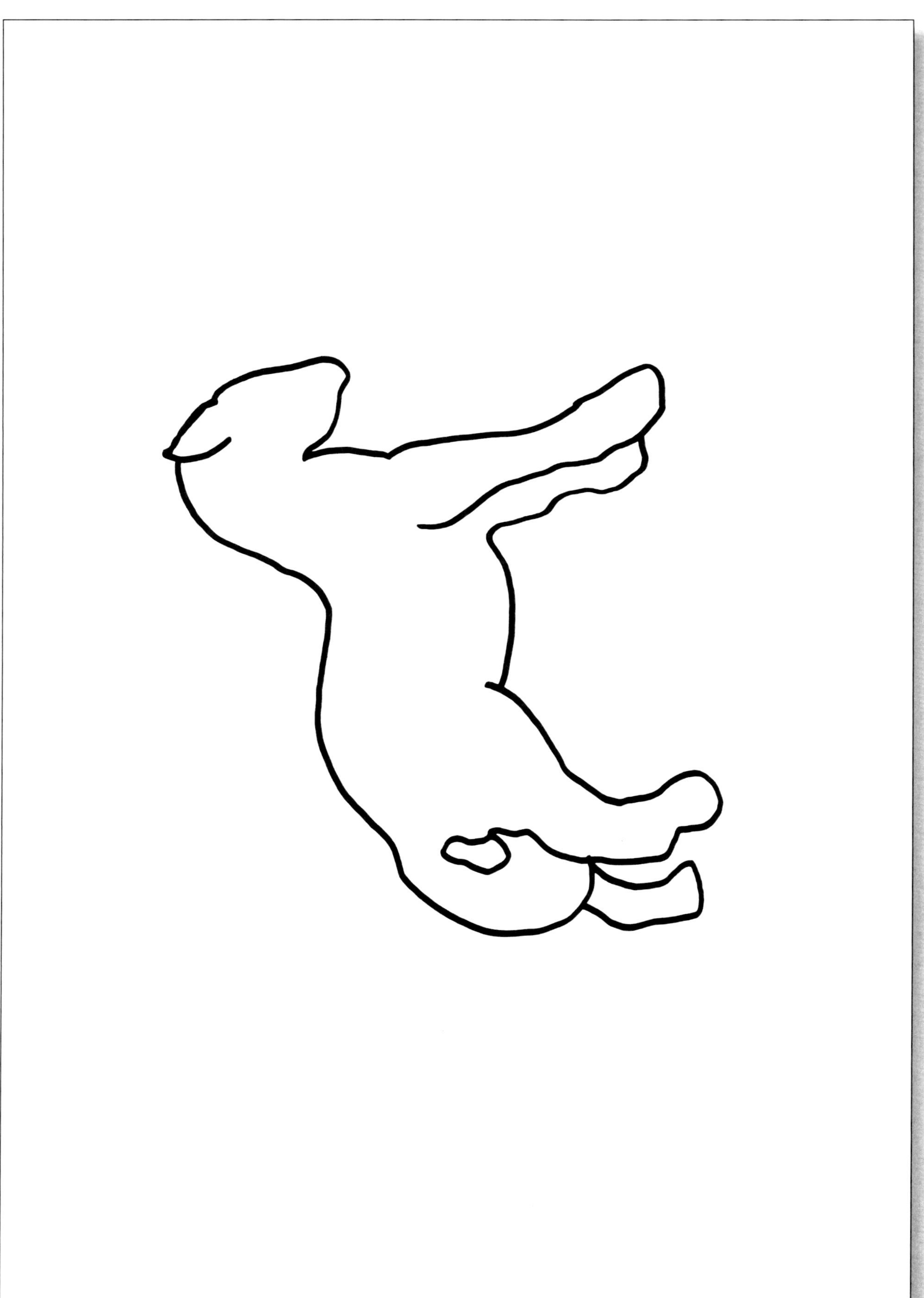

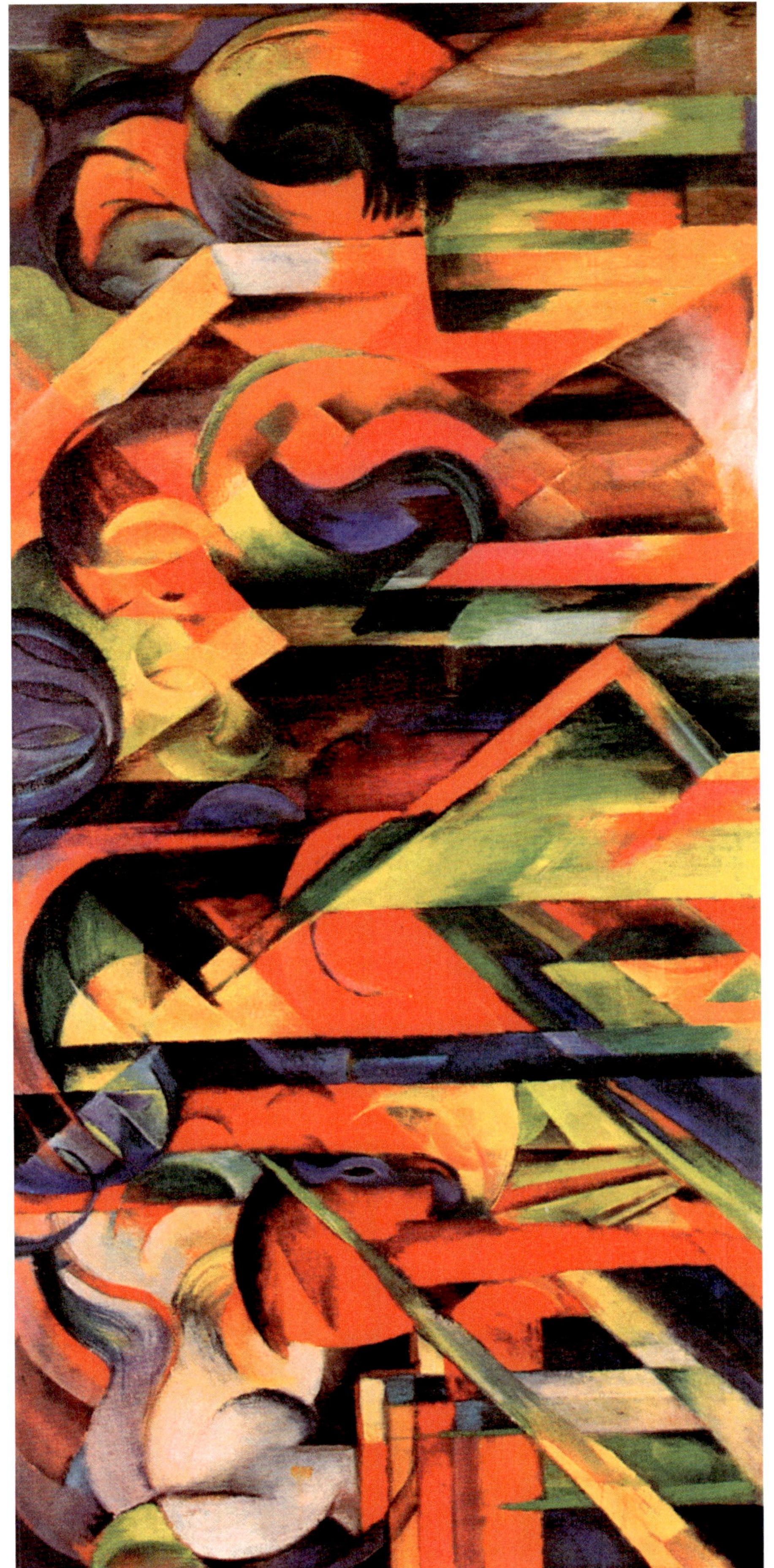

Bild 13: Stallungen, 1913

3.12 Turm der blauen Fahrräder

Thema: Bildverfremdung

Technik: Malen mit Wasserfarben, Arbeiten mit Tonpapier

Zielsetzung: Das Umsetzen eines Bildes in unsere heutige Zeit

Zeitaufwand: Eine Doppelstunde

Material: Wasserfarben; Pinsel oder Schwamm; Kleber; AB 11 für jeden Schüler dreimal auf blaues Tonpapier kopiert; Schild 13, 14, 15 und 16 evtl. laminiert; Bild 14; Papier DIN A3

Unterrichtsverlauf:
Der „Turm der blauen Pferde" hängt zusammen mit dem Namensschild an der Tafel. Die Schüler äußern sich zum Bild und wenden dabei ihr bisher erworbenes Wissen an. Danach überlegt der Lehrer laut, wie dieses Bild wohl aussehen würde, wenn Franz Marc heute leben würde. Was hätte er wohl heute anstelle der Pferde gemalt? Die Schüler bringen sicher auch Vorschläge, wie z. B. Autos oder Fahrräder. Je nach Interessenlage der Klasse kann der Lehrer den einen oder anderen Vorschlag aufgreifen. Die Schüler erhalten Zeichenpapier und den Auftrag, einen passenden Hintergrund zu gestalten. Während die Farbe trocknet, schneiden sie drei Autos oder Fahrräder aus dem blauen Tonpapier aus. Danach werden die Fahrzeuge in Form eines Turms auf den Hintergrund geklebt. Wenn alle Schülerarbeiten an der Tafel hängen, sollte noch über die Ergebnisse gesprochen werden.

Ergänzende Anmerkung:
Je nach Alter und Interessenlage der Klasse können auch andere Gegenstände, z. B. passend zu einem Thema im Heimat- und Sachunterricht, in Musik oder einem anderen Fach gewählt werden.

Schild 13:

Turm der blauen Pferde

1913

AB 11: Zeichnungen

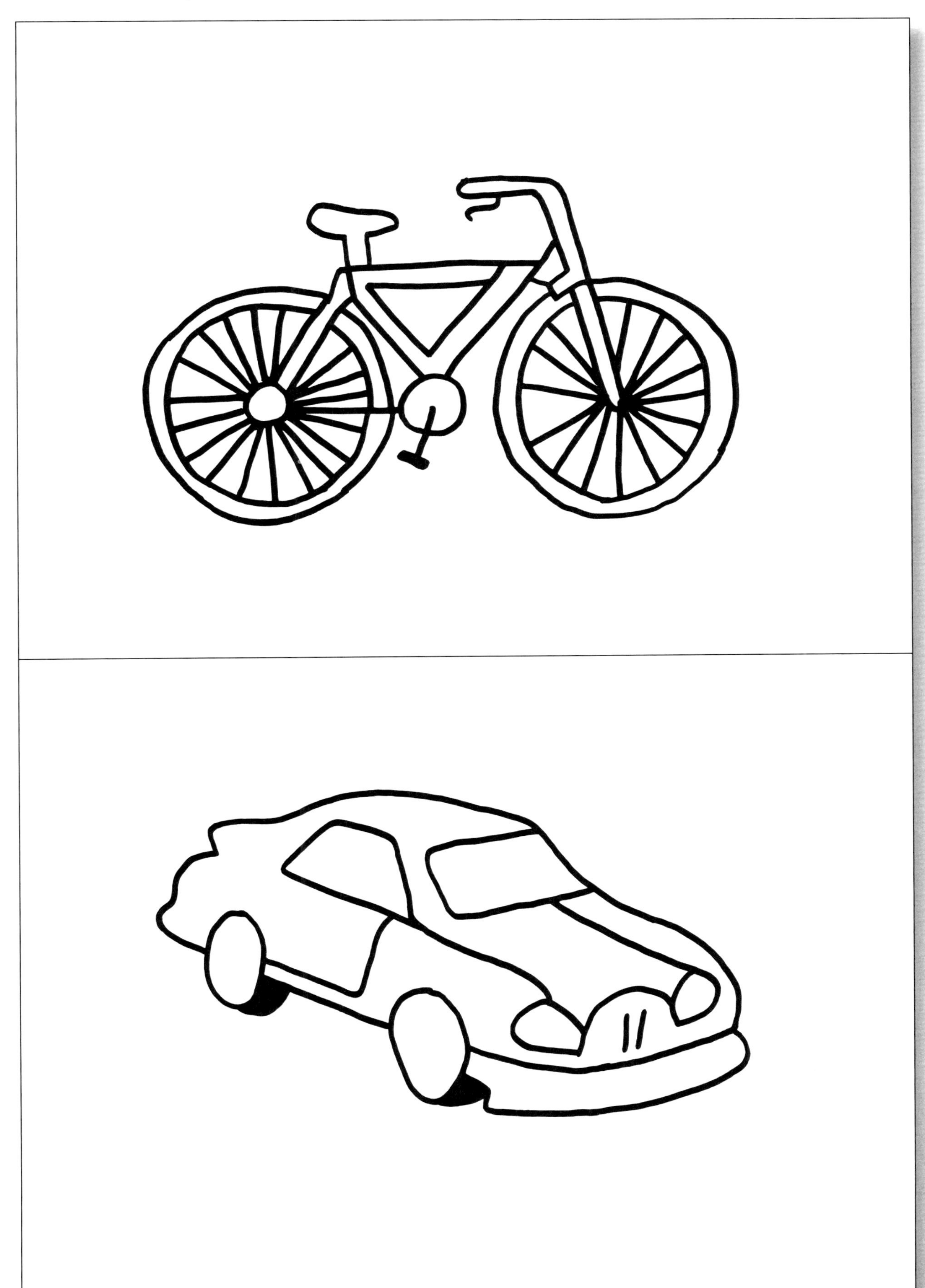

Schild 14:

Frei nach Franz Marc:

Turm der blauen Fahrräder

Schild 15:

Frei nach Franz Marc:

Turm der blauen Autos

Schild 16:

Frei nach Franz Marc:

Turm der blauen

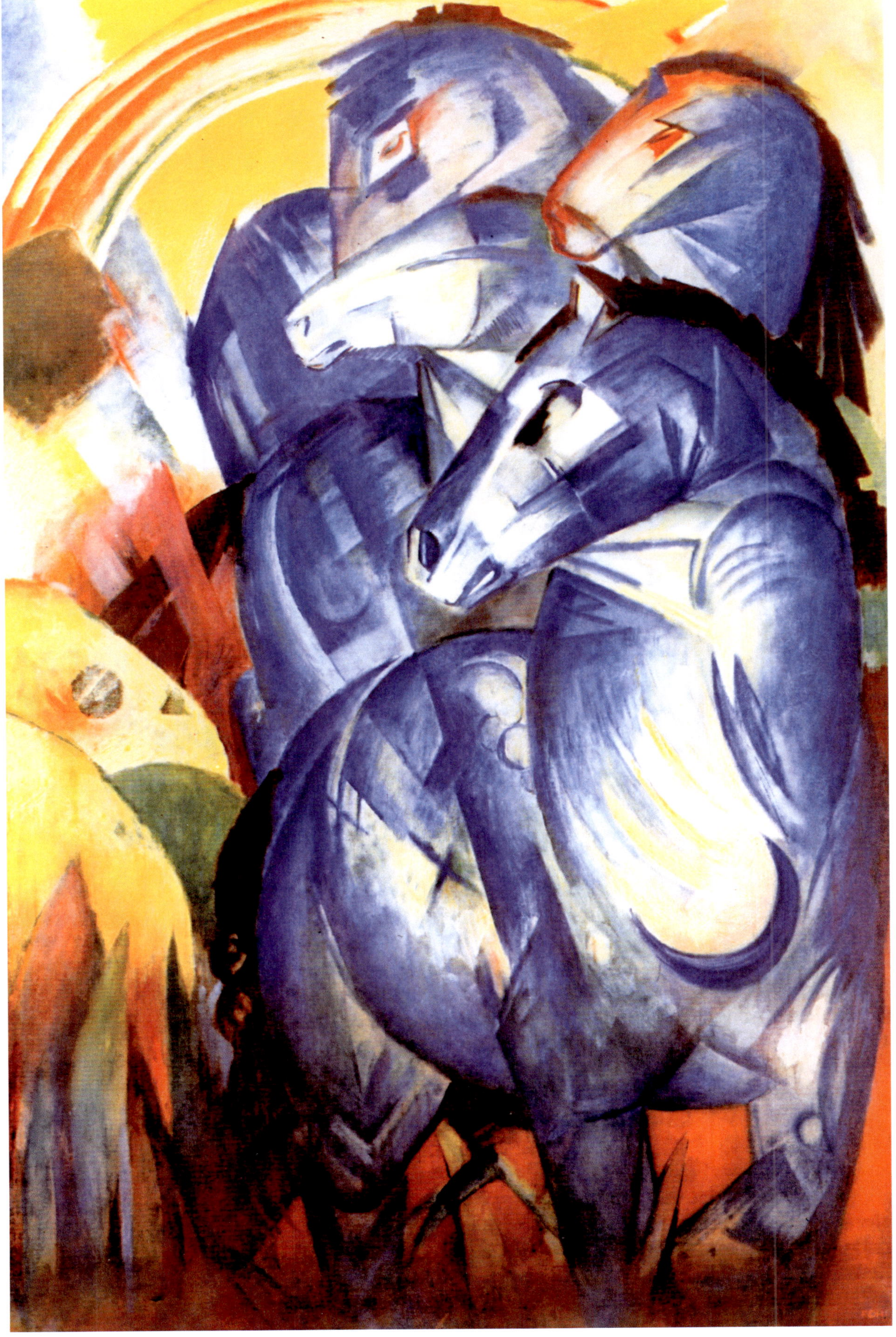

Bild 14: Der Turm der blauen Pferde, 1913

3.13 Kämpfende Formen

Thema:	Freies Nachgestalten
Technik:	Frei wählbar
Zielsetzung:	Ein eigenes Bild mit einer frei zu wählenden Technik nur unter Vorgabe des Titels auf einem großen Format gestalten
Zeitaufwand:	Eine Doppelstunde
Material:	Bild 15, Schild 17 evtl. laminiert, Papier DIN A2, Kleister, Schwämme

Unterrichtsverlauf:
Nachdem das große Papier ausgeteilt wurde, erfahren die Schüler den Titel des Bildes. Anschließend dürfen sie mit einer selbst gewählten Technik dazu ein Bild gestalten. Wenn alle Schülerarbeiten fertig sind, sollte man sich genug Zeit nehmen, möglichst alle oder so viele Bilder wie möglich zu besprechen. Wichtig ist es hierbei, diese nicht zu werten. Es gibt in dieser Stunde keine guten und schlechten Lösungen. Deshalb kann ganz zum Schluss, muss aber nicht, das Bild von Franz Marc gezeigt werden. Dieses Bild ist jedoch nicht die Ideallösung für die Aufgabe.

Ergänzende Anmerkung:
Im Idealfall schieben immer zwei Schüler ihre Tische zusammen und haben so im Stehen genug Platz zum Malen. Viele Kinder arbeiten auch gerne auf dem Boden.

Schild 17:

Kämpfende Formen

1914

Schülerarbeit:

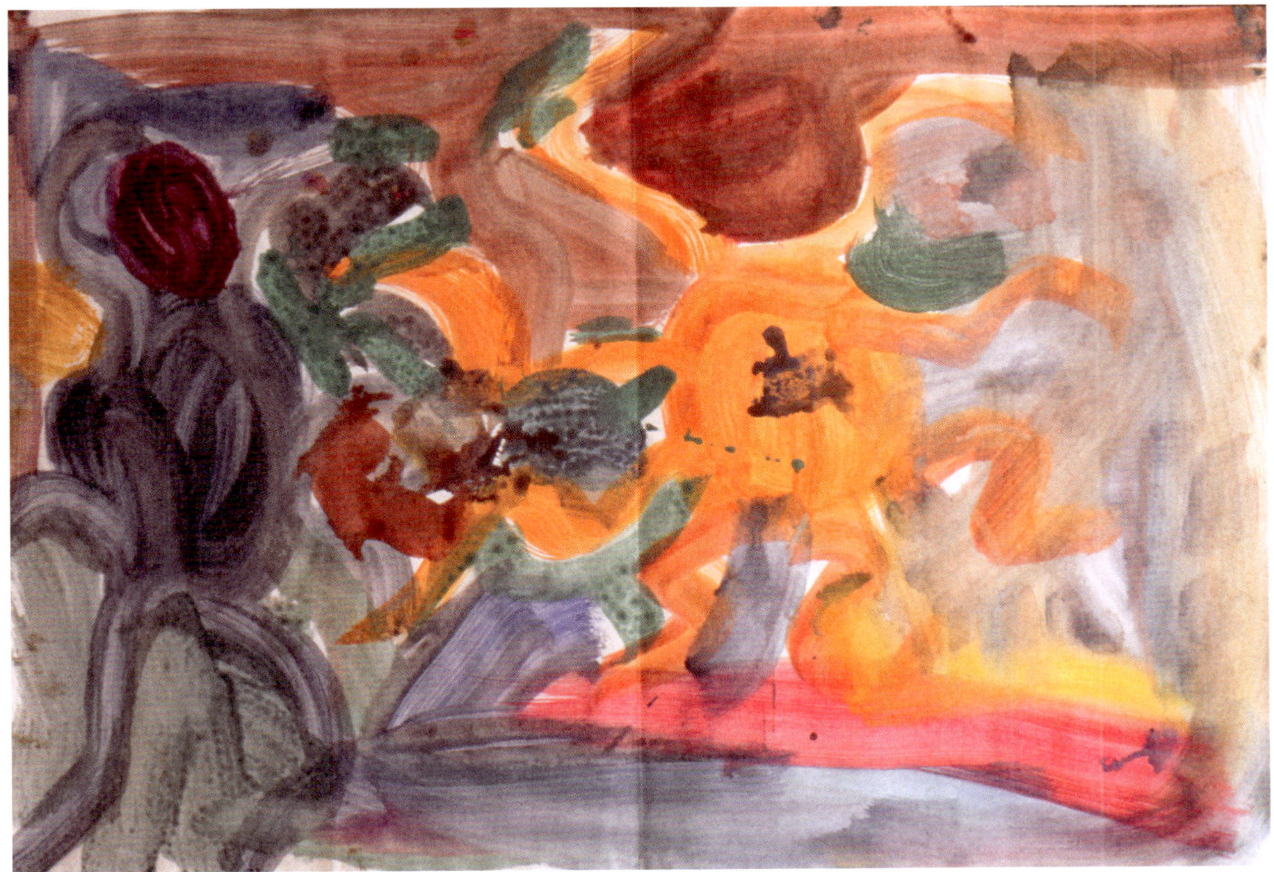

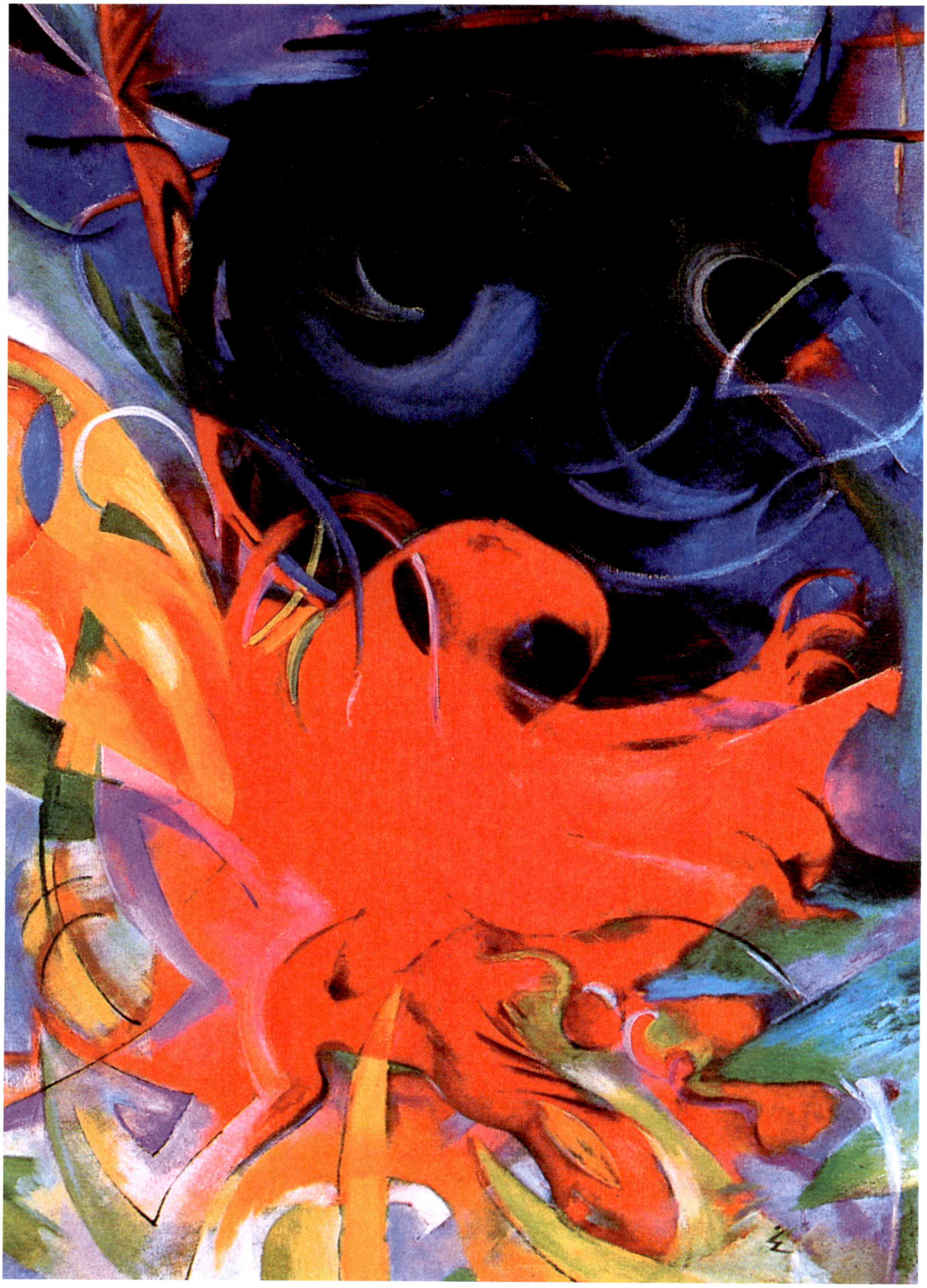

Bild 15: Kämpfende Formen, 1914

3.14 Fertigstellen der Franz Marc-Mappe

Diese Mappe ist aus schwarzem Tonpapier im Format etwas größer als A3 und wird durch Musterbeutelklammern zusammengehalten. So kann die Anzahl der Blätter individuell variiert werden. Die Titelseite trägt den Namen des Malers in dessen charakteristischen Farben Rot, Gelb, Blau und Grün und die zweite Seite gibt seinen Lebenslauf wieder. Auf den folgenden Doppelseiten sollten rechts die Ergebnisse der Schülerarbeiten eingeklebt werden, damit sie dann den, auf der linken Seite platzierten Schwarz-Weiß-Kopien der zugehörigen Bilder Marcs vergleichend gegenüberstehen. Die größeren Bilder müssen leider einmal gefaltet und dann eingeklebt werden.
Die Titelseite wird mit dem Schriftzug „Franz Marc" versehen. Dazu werden die Buchstaben in den Farben Marcs ausgemalt, ausgeschnitten und aufgeklebt.

Schriftzug:

Franz Marc

Literaturnachweis

Düchting, Hajo: Franz Marc. Köln 1991.

Dombrowski von, Ernst: Liebes kleines Pferd. München 1970.

Heinig, Peter: Kunstunterricht. Bad Heilbrunn 1981, 3. Auflage.

Itten, Johannes: Kunst und Farbe. Stuttgart 1993, 21. Auflage.

Jaeger, Wolfgang: Sensualisierende Übungen im Rahmen einer Bildbetrachtung. In: Pädagogische Welt. Heft 4, April 1993, 47. Jahrgang.

Kowalski, Klaus: Methoden der Bildanalyse. Stuttgart 1982.

Mahler, Gerhart/Selzle, Erich: Lehrplan für die Grundschule in Bayern mit Erläuterungen und Handreichungen - Bd. 2. Donauwörth 1990, 3. Auflage.

Meyers, Hans: Kind und bildnerisches Gestalten. Psychologische Voraussetzungen der Kunsterziehung in der Volksschule. München 1968.

MPZ: Blaues Pferd und gelber Tiger. Vier Tierbilder von Franz Marc in der Städtischen Galerie im Lenbachhaus. München 1986, 2. Auflage.

Pagany, Dietlinde: Bild- und Kunstbetrachtung in der Grundschule. In: Pädagogische Welt 5/85.

Partsch, Susanna: Franz Marc. Köln 1993.

Pawlik, Johannes: Praxis der Farbe. Bildnerische Gestaltung. Köln 1987, 3. Auflage.

Schneider, G.: Phantasie, Kreativität und Spiel. In: Grundschulunterricht Feb. 2/1993, 40. Jahrgang.

Tobien, Felicitas: Franz Marc. Ramerding 1982.

Vogt, Paul: Der Blaue Reiter. Köln 1991, 8. Auflage.